丝绸之路档案
西出长安望葱岭

◎和谷 著

SICHOUZHILUDANGAN
XICHUCHANGANWANGCONGLING

陕西师范大学出版总社有限公司
SHAANXI NORMAL UNIVERSITY GENERAL PUBLISHING HOUSE CO.,LTD.

图书代号　SK14N0279

图书在版编目(CIP)数据

丝绸之路档案：西出长安望葱岭／和谷著．—西安：陕西师范大学出版总社有限公司，2014.3
ISBN 978-7-5613-5514-5

Ⅰ.①丝… Ⅱ.①和… Ⅲ.①散文集—中国—当代 ②游记—作品集—中国—当代 ③随笔—作品集—中国—当代 Ⅳ.①I267

中国版本图书馆 CIP 数据核字(2014)第 046093 号

丝绸之路档案：西出长安望葱岭
和　谷　著

责任编辑／	张建明　张　立
责任校对／	柯　灵
封面设计／	鼎新设计
出版发行／	陕西师范大学出版总社有限公司
	(西安市长安南路199号　邮编710062)
网　　址／	http://www.snupg.com
经　　销／	新华书店
印　　刷／	西安永琛快速印务有限责任公司
开　　本／	720mm×1020mm　1/16
印　　张／	15.75
字　　数／	180千
版　　次／	2014年3月第1版
印　　次／	2014年3月第1次印刷
书　　号／	ISBN 978-7-5613-5514-5
定　　价／	39.80元

读者购书、书店添货如发现印刷装订问题，请与本社高教出版分社联系调换。
电　话：(029)85303622(传真)　85307826

目录

001　题记:我是一只小蚕
004　辞别大雁塔
009　西出长安
013　渭城
016　翘望北路
019　古豳州
023　法门寺
026　周原
031　凤翔
034　钓鱼台
036　宝鸡
039　过陇山
042　陇东
045　秦州
048　金城
051　河西走廊
054　凉州

058	甘州
062	玉门
065	楼兰
070	天山
074	焉耆与铁门关
078	库尔勒
082	塔里木
087	从轮台望葱岭
094	轮南
098	沙漠公路
102	图伦碛
105	大漠腹地
108	橘瑞超
111	漠南
117	塔里木河边
123	博斯腾湖
126	柴达木罕
129	西州
132	交河与高昌
139	吐鲁番与鄯善
143	哈密

目录

- 148　伊州
- 152　星星峡
- 155　黑戈壁
- 158　敦煌
- 165　七里镇
- 168　玉门关
- 171　小方盘
- 174　阳关
- 178　鸣沙山
- 181　月牙泉
- 184　阿克塞
- 188　当金山
- 190　墨离海
- 194　冷湖
- 198　柴达木途中
- 203　尕斯库勒湖
- 207　阿尔金山下
- 211　花土沟
- 215　老茫崖
- 217　莫高窟
- 226　嘉峪关
- 230　酒泉
- 233　东归长安
- 239　后记

题记:我是一只小蚕

　　记不清是哪位诗人说过:一只小小的蚕,吐出了一条悠远的丝绸之路。

　　那么我想,这只蚕应该是让我们敬畏的自然和历史。

　　唐朝高僧玄奘算是一只古老的蚕,尽管他当年只有28岁。某一个晴朗或悒郁的黎明,他披上袈裟,从现在的我居住的这座古城长安出发,经渭城,走河西,出阳关,过西域,穿越时称葱岭的帕米尔高原,历尽千辛万苦,九死一生,去西天取经。路途耗时两年,抵印度求法17载,还长安后译经撰述,亲负篑畚建造大慈恩寺塔,即今日之大雁塔,光照千秋。

　　还有在此前后出使西域的张骞、班固、名僧义净,有近百年间驰骋塔克拉玛干大沙漠险些丢了性命的瑞典探险家斯文·赫定、日本少年英雄橘瑞超,等等。

　　千百年来,在举世闻名的西北丝绸之路上,走过多少旷世奇才?他们是探险家、旅行者、商贾、僧人、权贵、征夫、诗人,不胜枚举。它作为欧亚大陆桥,通往过去的广阔世界,也连接着今天和将来的整个天地。"取经"的概念嬗变了,"使者"的意义也赋予了新的内涵。古丝绸之路上"行者"的传奇故事和异域自然风物,却总让生活在城市里的我们为之神往,不时生出步其后尘

丝绸之路档案

西出长安望葱岭

的光荣和梦想。

我生活在有过盛唐荣耀的丝路起点的西安城里，领悟着它的庄严、诗意，和靠先人吃饭的一种失落感。它向西以至通往四方的路有多长多远，不仅是一种时空意义或地理概念，也是心理性的，与人的心灵有关的。

新世纪开始的近几年里，我趁着拍摄一部电视片的机会，有幸游历了横穿大西北地域的古丝绸之路，观赏奇妙无比的景色，捡拾苍茫岁月的残片，体味旅途生活的乐趣。其实，丝路所涉及的广阔版图，怎么都像一片片桑叶，是凋敝或许再生，我们咀嚼着的都是绵密不绝的物质和精神的营养。

这么说，我也是一只小蚕，一只痴痴爬行在古丝绸之路上的现代的蚕，脚印、车辙和手中的纸、笔以及键盘，留下了思情和有形的文字。

童年在乡下时，我养过蚕，不知从哪里弄来几粒蚕子，从细小的黑虫子养到胖嘟嘟的蚕宝宝，每天都要喂食桑叶。门前沟里有几棵大桑树，结桑葚的母树叶子细密，公桑树叶片肥大，往往是采了公桑树的嫩叶子喂蚕的。蚕变黄了，就开始吐白的黄的丝，把自己包裹在茧子里，做一个美梦，又咬破茧壳，蜕变成一只翩翩飞舞的蝶儿，再播下一粒粒蚕子。我至今记得蚕宝宝的温存气息，是不同于一般昆虫的，所以在后来的宴席上对各种蚕蛹食品都不忍入口。当我知道了缫丝织绸的工艺，尤其是陷入丝绸之路的无穷诱惑之中时，想着小小昆虫的蚕，该是多么伟大、美丽的尤物啊！

于是，我变成了一只啃桑叶的春蚕，对沿途的所见所闻所感，都做了详尽的笔记。同时，又查阅考证了大量的史料，整理成系列随笔,陆续在报刊上发表。继之,又作了体例上的调整,充实了不少内容,于是有了这本书。

  在书中,我基本上保留了自己原先的行旅路线,在丝绸之路上打了一个来回。去是匆匆的,回程是悠悠的,不失为一条宽余又省时的路径。也大致是追寻着1300多年前唐僧玄奘西行的足迹,或沿袭或逆行,几乎走遍了丝路的南线和北新线的大小名胜,辗转迂曲中饶有游兴。对未亲历的诸如境内的终点帕米尔一带和北线,以及沿线辐射到的人文地理,也相应地纳入感受的阅读视野。

  踏上丝绸之路,是每一位旅行爱好者勇敢和心智的选择,迟早去享用人类这一笔恒定而丰沛的财富与资源,都是很美好的事情。在当今时代,延续并改变我们的生存状态和心境,少不了得依赖着它。

  权且把它当作一份导游草图,一份有关自然、地理、人文、历史和现实的思考清单,最好当成陪你上路的一个朋友。

  也许在散文、游记、旅行随笔的样式上兼收并蓄,有出有入,甚或不伦不类,却无疑有着诚实、亲近、奇妙与天然之气,对这一点,我是自信的。

辞别大雁塔

我在西安城南的雁塔路居住过多年，推开窗户，就能看见大唐留给我们的骄傲，那雄壮瑰丽的大雁塔。

记得多年前一个大年初一的清晨，我在大雪纷飞中独自去朝拜大雁塔，几乎没有看见几个人影，在肃穆的天地间，我的内心感觉到一种禅意在缭绕。塔是玄奘监造的，珍藏过他从西天背回来的经书典籍。抬眼望浮图，我就想，什么时候能顺着唐玄奘的足迹，走一趟丝绸之路，到神秘的西域游历，该是多么惬意的事啊！一个久藏心中的夙愿，尽管在多年后兑现，也是知足了。

大唐三藏法师，是我国历史上最早扬名国际的留学生，他为了追求真理，满足求知欲望，不辞长途跋涉，以一双布履、一袭破衲万里孤征，沿丝绸之路经西域终抵印度，在异国他乡获得了最高的学术荣誉，是中国留学生的一个光辉典范。他带回了丰富的极有价值佛教典籍，并加以翻译流传。他的成就和影响力是多方面的，是不朽的。

玄奘俗姓陈，洛阳人氏，出身于官宦世家，书香门第。曾祖做过南阳郡开国公，祖父担任过礼部侍郎，父亲官拜江陵县令，母亲乃洛州长史之女。他在兄弟四人中位最小，其二兄陈素早先出家，通晓儒典，为一代高僧。玄奘五岁丧母，十岁丧父，只好

大雁塔

随二哥到净土寺学佛。十一岁能诵《华严经》,十三岁上剃度出家,成为佛门释子。隋末唐初,天下大乱,他们兄弟二人避难到了长安,住进华严寺。

之后,他南抵成都,泛舟三峡,经荆州至苏杭,游学四方。又北上赵州,参访从学,终是落脚京城长安大觉寺,继之为释门后起之秀,驰名道俗。他遍谒名师,饱餐法味,审慎考究其中的道理,虽各树宗派,自成一说,若与原典相比,其义或隐或显,不免有所出入,让人莫知所从。这便发愿誓游四方,以释众疑。法显、智严曾为法西去,便是清高的风范,岂能无后人继踵?于是,他与几位同道商议,向皇帝上表,请求前往印度留学,可惜朝廷有诏不许。同道们因而退了心,只有他一人决意西行。

玄奘铜像

唐贞观元年秋天，关中因遭霜灾歉收，京城道俗四出觅食，玄奘趁机出了长安，踏上了西去求法的万里征程。有史料说，法师在出生前，他的母亲就曾梦见法师身着白衣西去求法，可知法师西行是早有先兆了。他在出发时，向佛祈求祥瑞，夜里也做了一个梦，梦见远处有一大山为四宝所成，极为庄严绚丽。正想攀登，却见有波涛阻碍，遂涉入浪里奋身前行。随之"步步生莲"，扶摇直上宝山。于是，西行之意更加坚定不移。

自贞观十九年（645）从印度求法归来至圆寂，玄奘大师有十多个年头是住在大慈恩寺内的。他在皇太子李治为其建造的翻经院里译经弘法，开创了中国佛教唯识宗，为后世留下了珍贵的宗教文化遗产。

从古至今，大慈恩寺都是中国乃至世界佛教史上的著名寺院，已经有1350多年的历史。此寺位于大明宫正南临曲江池的形胜处，最早是唐高宗为其母文德皇后所建的愿寺。它有一定的皇权色彩，却也蕴含了"知礼"和"历行"的传统精神。

辞别大雁塔

永徽五年（654），玄奘法师"建造大雁塔，亲负篑畚，两年功毕"。从那一天起，大慈恩寺就与玄奘大师紧密地联系在一起，成了中国佛教唯识宗的祖庭。他是一位佛学大师，也是一位大旅行家、外交家、作家和翻译家，他不辞艰险，不远万里，只身西行求法的大无畏精神，铸就了他具有东方传统精神的崇高品格。

家喻户晓的《西游记》，以虚构的孙悟空取代了本是主角的唐僧，似乎说没有孙大圣的降妖本事，唐僧的西天取经是不会成功的。作为艺术作品，它是赢得了大众的，是深入人心的，但与史实在一定程度上却不搭界，其神奇怪诞本不足凭。

如果说，玄奘的生命是在西行路上得以升华的，那么，耸立在我们眼前的大雁塔不仅曾经是神圣的藏经宝塔,更是玄奘灵魂的化身。

我不是一个佛教徒,只是一个梦想走一回丝绸之路的旅人。从长安出发,向着遥远高大的葱岭,去追寻唐高僧西行的足迹,足矣。在漫长的丝绸之路上,过去曾发生过什么?今天又是怎样一种情景?一种版本的新西游记,就这样,在一个秋阳绚烂、霜重色浓的日子里,用脚步写下了第一个词语。

唐朝边塞诗人岑参,在登罢慈恩寺浮图后写下了"秋色从西来,苍然满关中"的诗句。我西行,去寻找秋的源头。

别了,我故乡的大雁塔。

西安孔庙大成殿

西出长安

西安城西,有一尊人马骆驼组成的粗石群像,标志着这座城市的一页史诗。汉唐时代的丝绸之路以此为起点,勾画出了迢迢西路上诱人的景观。

丝路群雕

所谓的丝绸古道,自然与养蚕缫丝有关系,与我们先民的穿衣密不可分。《诗经》中的"女执懿筐""爰求柔桑""载玄载黄""为公子裳",唱的就是养蚕织帛的情景。春秋时就有丝织品出口。汉朝的丝绸恐怕是创汇的拳头项目,是经西域运往波斯、罗马的。这条道儿,渐渐成了中外闻名的丝绸之路。

从广义上说,丝绸之路是指古代中国与世界进行贸易往来的通道。那时候的丝织品,多是从这些道路运往国外的,先是陆上丝路,后来被海上丝路取代。

陆上丝路最有名的当是我们要走的西北丝路,即从长安以西出发,经河西走廊,通往西域的道路。西域一般指天山南北路,也可泛指至中亚细亚。大唐时,丝绸之路最为兴盛,至元朝时陆路被海路替代了。从地图上看,丝路始自长安,分南北两路至张掖,古时称甘州,合为一路至安西,即瓜州,然后分三路经天山南北分别抵达伊宁和喀什,越葱岭而西去。自公元前二世纪张骞通西域之后,使者、商人相望于道,便开始出现了繁荣的气象。

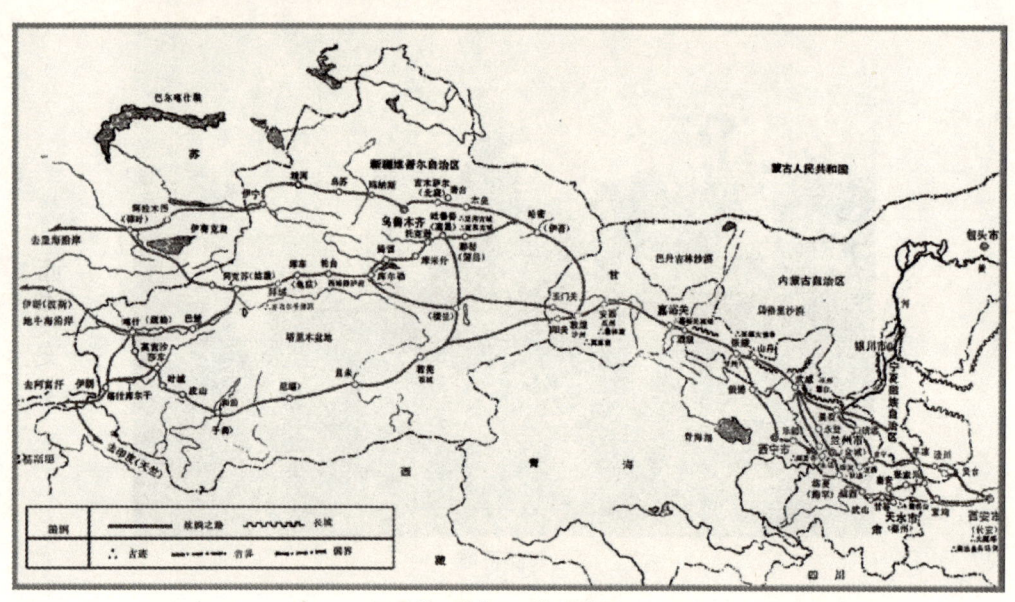

西北、西南、吐蕃丝路图

还有一条便是西南丝路,可以认为是以长安为起点,经成都、西昌,渡金沙江,过大理,入缅甸抵达印度。有专家认为,这条通道的开创应早于西北部丝绸之路。它的地形地貌、自然景观、风物人情,是与西北丝路截然不同的。

另一条丝路被称作吐蕃丝路,也是从长安出发,经天水、兰州,入青海境,过西藏,由尼泊尔到达印度。相比之下,这条道要萧条一些,但贸易品种多样,有黄金、麝香、瓷器、食盐、茶叶等,当然也少不了丝绸绫缎。

这三条位于西部的古丝路,或辽阔粗犷,或清秀幽远,或地广天高,各有各的景象和风情,构成了通往西方的大陆桥,有异曲同工之妙。而西去的不只是丝绸、造纸或桃儿、梨儿,东来的也不只是葡萄、石榴或苜蓿、芝麻,绘画、音乐、舞蹈等文化艺术的东渐之风,也随骆驼、马帮、牦牛的铃铛一起奏鸣。

西安城墙

因为这三条光芒大道,汉唐的首都长安,成为世界上数一数二的大都会。西域的商人、僧侣以至小国国王,也看上这个好地方,顺着丝路而来,住得舒适了便不走了。那时的移民政策也宽松，城市便膨胀起来，人种也自然不再纯粹。

唐诗中有这么两句："流传汉地曲转奇，凉州胡人为我吹。"是李颀写给唐玄宗的乐师老安的。老安家在武威，诗题中所提觱篥是从南山砍的竹子做成的，可这种乐器本来出自龟兹。

长安城时尚的胡化，与眼下的洋化一个道理。李白有一首《少年行》，描述五陵一带的富贵少年，在西市上银鞍白马，春风得意，落花踏尽之后，笑入胡姬酒巴，是何等的奢侈。他们也许是来投资的，或者是来消费的、旅游的，是来送钱的，主人应该笑脸相迎才是。

唐石椁墓门

可眼下西部之都的西安已经落伍，也正在起行，以图重振汉唐雄风。但毕竟，东南沿海和外国的商人成了这座城市的座上宾。就像当初海上丝路取代陆上丝路一样，蔚蓝色海面上的尖船利炮，比大漠之舟的骆驼要厉害得多。

渭城

　　作为丝路的第一站,咸阳已经没有了汉唐时设宴饯行的意义。这座曾经不可一世的秦国故城,早在汉唐时就有人凄然地感叹过它的兴废了。山雨欲来,秋风走马,咸阳给人的感觉似乎从来就是萧瑟的。汉武帝时改名为渭城,渭河边的长亭成了商人、官吏、将士出行的送别之地。

　　出长安,别情依依,却没有挣脱现代大都市喧嚣氛围的轻松之感。过了三桥不远,渭城的宽阔大道就伸过来了,西安与咸阳几乎连接在了一起。小憩于渭城之时,心里终是袭上了那般劝酒辞行的味道。尽管没有饮酒的意思,只是吃了一白瓷蓝沿大碗的油泼面,也没望见秋风里摆动的渭城酒旗,只见了用十字木架撑起的一方方靛蓝的帐子,在黄黄的艳阳天,却一下子就陷入了那怅然的离愁别绪中。驿店的小吃也谈不上大的讲究,门楣上"人以食为天,情以乐为大"的对联,让我感觉整个的渭城在向你劝酒。

　　王维写了不少辋川的风景诗,能让今人留在唇边的好诗,《送元二使安西》算是其中的绝响。"渭城朝雨浥轻尘,客舍青青柳色新。劝君更尽一杯酒,西出阳关无故人。"据此易为《渭城曲》也好,《阳关三叠》也罢,断肠声里无限叠,尽管以后演绎出无数版本,到头来还是原创艺术品质最佳。

渭城送别图

车过咸阳桥头,可以看见秋季退了大洪的渭水坦荡而沉静,甚至让我一下子分不清它是从哪里流来,又向哪里流去的。史料上说,西汉时,渭水上架有三座桥梁,直通长安。一曰东渭桥,在今高陵耿镇附近,为汉景帝所建,接起了长安与栎阳。二曰中渭桥,在今咸阳窑店之南,为秦始皇所造,以通渭北咸阳宫与渭南兴乐宫。三曰西渭桥,在今咸阳东南里许,汉武帝时为通茂陵而设的。这西渭桥在唐代时,便称为咸阳桥了。

诗圣杜甫的名篇《兵车行》中有这样沉郁顿挫的名句:"车辚辚,马萧萧,行人弓箭各在腰。耶娘妻子走相送,尘埃不见咸阳桥"。天宝年间,玄宗两次讨伐南诏,杨国忠派御吏四处捉人充军,当队伍从咸阳桥出征时,是一幅怎样的悲惨情景?而安史之乱,唐玄宗也就从这座桥上仓皇而逃,唐王朝从此风雨飘摇,日薄西山。

作为长安八景之一的咸阳古渡,也就在咸阳桥所在处,明朝时甚为红火。沽舟泛泛,通蜀达陇,为秦中第一大渡。如今成了一处名胜古迹,游人络绎不绝。

当年,秦孝公从栎阳迁来此处,占尽周文王之父封地的风水,建成命名咸阳的新国都。千古一帝的秦始皇,仅仅用了十年时间,吞并了楚、齐、燕、韩、赵、魏六国,结束了战国几百年群雄割据的历史,第一次完成了中国的统一。咸阳,逐渐成了中国乃至东方最大的都市。车裂商鞅,荆轲行刺,腰斩李斯,项羽纵火,多少惊心动魄的故事在这里上演过。

古代渭城的遗址

古代渭城的遗址,据说在今天的咸阳城之西南,已不可寻。如今这里是纺织重镇,现代科技的彩电城名声显赫。

丝绸之路档案

西出长安望葱岭

翘望北路

丝绸之路从这里出发，如果走南路，基本与今天的陇海线一致，经武功、陇县、天水、兰州而乐都、祁连至张掖。当初假如走北路，依次是今天的礼泉、乾县、泾川、萧关、固原、靖远、武威至张掖。

散布在咸阳北原上的西汉陵墓群，一字排开，气势磅礴。高祖长陵、惠帝安陵、景帝阳陵、昭帝平陵、元帝渭陵、成帝延陵、哀帝义陵、平帝康陵，在渭河台原上依次雄峙着，当地人叫它"冢疙瘩"。"哪里的庙哪里的塔，咸阳原上冢疙瘩，哪里的才子哪里的将，咸阳原上埋皇上"，是这一带的著名民谣。

唐王朝的十八陵，更是气象非凡。唐高宗和武则天合葬墓的乾陵，位于乾县城北十余里的梁山上。远远望去，酷似一个巨大的睡美人，冢顶是头部，树林是秀发，阁楼基座是隆起的丰乳，笔直的大道是长腿，一直伸向渭水河边。陵墓初建时是两层城墙，内外两个陵园，外城周长据说有四十公里。在内城陵前，至今还可以看到一对八棱柱形华表，数十对翼马、石马、石狮、朱雀和六十多尊文武官员、异族首领、外国使节雕像，在陵道旁分外精彩。在司马道西边立有两通巨大的石碑，一通是为高宗立的《述圣记碑》，另一通是为武则天立的《无字碑》，其妙无穷，费人思忖。更让人觉得神秘的是地宫的情形，墓门前有三十九层石条，加固有铁拴，又浇了白铁，坚固异常。据说五代时有人盗墓，时逢狂风暴雨，天公相助，只好作罢，之后再无人敢造孽了。

乾陵以南，东西排列着十七座陪葬墓，太子公主、王孙大臣，在另一个世界里仍然守护着天子，威风不减。其中永泰公主墓中出土的文物如《侍女图》壁画，章怀太子墓的《出行图》《马球图》，实在是唐墓壁画的精品，其造型惟妙惟肖，栩栩如生。

位于东侧的唐太宗昭陵，依山为陵，居高临下，象征着帝王的尊严。"昭陵六骏"浮雕闻名世界，它是依照李世民驰骋疆场的六匹战马的形态雕刻而成的。其中两匹今藏美国费城博物馆，是被列强盗窃出国的。

唐昭陵六骏

南边的汉武帝茂陵，是汉代陵墓中规模最大的一座。墓冢夯筑，形似覆斗，雄奇伟壮。有卫青、霍去病、霍光等作陪，象征着昔日马踏匈奴的威风凛凛。尤其是霍去病墓石刻,依石拟形,浑厚生动,让人联想到天山南北的疆场,为争夺丝绸之路的控制权而屡见不鲜的阵天的杀声。

北路的萧关应该是长安的北大门,那里已进入风沙地带。唐诗中说,那里的沙粒都钻入了马毛。东归的旅人至此,还有从边塞归长安而感叹"又作布衣还"或"几日到家山"的心情吗?

若从这里往北,是汉唐时贺兰山和阴山边陲。"天苍苍,野茫茫,风吹草低见牛羊",这鲜卑族人口头创作的歌词,到今天仍然是人们对阴山风景的联想词。古称盐州的定边,是这一带的军事重镇。我不止一次地去过那里以至无定河两岸,"可怜无定河边骨,犹是春闺梦里人"的诗句,是那么强烈地撞击着旅人的心。

唐献陵石犀

西北边塞的安宁,向来是丝绸之路的福音。

古豳州

北线必经之路的古豳州,现在叫彬县。我曾多次到过这里,寻访过县境内的大佛寺和周祖公刘的土陵。

古豳州地处泾河边一块富饶的盆地中。大佛寺筑在一处陡峻奇峭的石崖间,其神工鬼斧让人惊叹。车至崖下,顾不得品尝这里的特产豳州梨,也无意观赏枣木棒槌、蒜窝儿、擀杖之类雕刻品,即步入门楼,拾阶而上。

大佛寺原为庆寿寺,唐太宗贞观三年,李世民为母庆寿,由尉迟敬德监修所造。

大佛藏在门洞中的深窟里,幽谷间弥漫着潮气。这尊二十多米高的释迦牟尼像依崖趺坐,仅手指就有两米长。大佛发式作螺髻形,面方,耳垂,披衣袒胸,其体态端严伟然,雕饰富丽生动,雍容丰满而古朴。整个窟壁雕着数不尽的小佛、菩萨和飞天,千姿百态,形象逼真。次之于大佛洞的,东有千佛洞,西有罗汉洞,计石窟八孔。高崖上另有众多小石窟,踞奇险之处,不易登临。寺西不远处有一尊六米高的丈八佛,它当初从异地来,欲与大佛比高低而愧疚,便留在边上做弟子了。大佛寺楼高五层,登上高处扶栏远眺,斜照余光里的莽原山川煞是壮观。

从彬县县城向东行八十公里,在泾河北岸的山谷之间,坐落

着周祖公刘的墓冢。丘垄高达50米,长约1500米,略呈梯形平面,至顶平坦,墓周占地达500多亩。

我坐在土陵村外的原畔上,俯视着河谷里的公刘墓,隐隐听得见泾河的水声。一位放羊老汉问我:"是来看人祖爷墓的吧?"我说是。老汉说:"笃公刘,匪居匪康。"老汉蓦地吟出诗句,让我大为惊讶。这是《诗经·大雅》中《公刘》篇的首句,是说好心的公刘,他不敢安居,只顾忙碌劳作,歌颂公刘从邰迁豳的业绩。放羊老汉可能不识多少字,这句诗也许是千百年来口口相传留下来的,足以见得民间文化的力量。我面对的似乎不是放羊老汉,而是一位老学究。

豳州造像

经与老汉交谈,才知道远古时候公刘墓的守陵人一代又一代繁衍了原畔上的这个土陵村。他们都是守陵人的后代,好文喜武,以稼穑为业,古风依然。

彬县城东有姜嫄圣母墓,圣母在郊野里踩了巨人的足印,因而怀孕生了后稷,还以为是不祥之物给抛弃了。野兽虫鸟都不伤害他,就又拣了回来,起名"弃"。这后稷很聪明,喜欢种树麻菽,教民耕稼技术,尧帝举他为农师。而公刘,就是后稷的曾孙,周文王的十代祖先。

当时,公刘的祖父丢了官职,出奔到了这地方,而后传至公刘。公刘厚于国人,不图自个儿安居,忙于修田收谷,带上弓箭盾牌、长矛板斧,和大伙儿出外打猎。在这块平原旷地里,人们越聚越多,有房住,用瓢舀酒喝,有说有笑,过着好日子。公刘还带人远渡渭河,采来磨石,搬来锻石,坚固房基墙脚。一直到芮水湾的皇涧两岸,都住满了公刘的部落。豳人的土地宽广富饶,周民族由此逐渐振兴起来,因此受到人民的颂赞和后世的怀念。

这庞大的墓冢,有个讲究是一头大一头小,像一条鱼。在古豳州一带,庄稼人的坟墓也是沿袭了公刘墓的形状,而不像汉帝陵的履斗状的四棱见角,或唐王陵的又圆又尖。在公刘墓的南边,有一堆堆土丘,形成"珍珠串线"的美穴。原来是修墓时人们从关中取土,人山人海,陵上土够用了,运土的人便将土倒在路边,形成了一串连绵的土丘。临河的墓崖下有一个渡口,叫石桥头,对岸山石壁立,唯山腰平处有两座土包,旁边有一眼泉水常流不断。传说公刘死后,他的两个女儿用衣襟包土,还携着酒壶,欲渡河封土祭奠。适逢泾河涨水,不能渡河,只好将土就地倾倒,将酒洒在地上,隔岸号哭。第二天,小土堆长成了大垄岗,泪水化作泉水,一直到今天也没有枯竭。

放羊老汉告诉我说,在公刘墓周围,一山一水,一沟一壑,都因为人祖爷墓而有了生动的形象。长岭是一根根旗杆,土原是一面面旗帜,四山有龙、虎、龟、蛇之说,沟壑峁梁有十八罗汉、七十二将之喻。即使公刘墓上的花草,也非同一般,在李时珍《本草纲目》中就有"土陵枳木"之说。如今,这里已经是一座杏李桃梨俱有的花果山了。

我想,在古豳州,处于荒僻山野里的周祖公刘墓,有中华氏族的根底。

彬县大佛

法门寺

在关中平原西部的扶风北原上,有一座著名寺院,叫法门寺。

多年前,我先后两次造访过这里。当时寺院所在地还叫崇正镇,如今成了法门镇。我初次去的时候,法门寺塔周围一片荒芜,塔院里堆放着农田基建用的设施和农具。二回去时,塔身倒塌了一半,斜斜地立在暮色中。寺院里有几处亭台,几树花木,佛殿前一方留有膝盖印的青石,传说是一位叫巧姣的贞女告状时留下的,还有一方青石叫卧虎石,若泼去一瓢清水,便会幻化出一只斑驳的猛虎来。如此奇石,被作了若干年的打土坯的基石,石中所藏神物竟然毫发未损。

法门寺由东汉至北魏称阿育王寺,乃梵语"无忧"之意。古天竺国王被称为阿育王,在佛灭度后笃信佛法,在世界上修了八万四千塔,分葬佛的舍利,其中就有此扶风一塔。故因塔置寺,几经重修,至唐武德年间改为法门寺。明代重建,到上世纪八十年代又残缺不全了。

现在看到的宝塔是1988年重建的,保持了明塔的外形和风貌。也就是在重建发掘时,发现了塔下地宫的秘密,释迦牟尼佛指舍利和一批珍贵文物的出土,使法门寺一举闻名国内外。

这里被称为"关中塔庙始祖",曾经是唐宋两朝宫廷皇家寺院,唐代曾先后举行过数次迎送佛骨的大型仪式,将佛骨迎出地宫送到帝宫供奉,再送回地宫封供,循环往返七次之多。现今出土的珍贵文物,就是那时候皇室施舍的,计有大量金银珠宝、法器、丝绸锦缎等等。

唐经咒绢画

舍利,意为"身骨",通常是说释迦牟尼火葬后遗留下来的一种固体物,如佛舍利、佛牙舍利、佛指舍利。舍利又分法身舍利、生身舍利两种,前者为佛教经典,后者为火葬后的固体物,白色为骨舍利,黑色为发舍利,红色为肉舍利。法门寺出土的四枚佛指舍利,其中灵骨一枚,影骨三枚。灵骨为仅存于世的佛指舍利,属于至高无上的佛教圣物,"影骨非一亦非异,了如一月映三江"(赵朴初诗句)。

如今,法门寺已经成了关中现代旅游业的一大名胜,盛况空前。

法门寺塔

周原

《诗经·大雅·绵》中有"周原膴膴，堇荼如饴"的妙句，让我不止一次地领悟了这里的神奇。

这里是关中平原的西部，其地貌，正从狭窄闭合状态的宝鸡一带伸延过来，向东愈加宽坦。而整个原面，则由北山向渭河倾斜，以数十米或近百米的陡坎与阶地相接，呈现一块一块的梯形。深深湍流着的渭河，被枕在原畔之下了。原野所依附着的是嵯峨的岐山山脉，天蓝蓝的没有云彩，山也蓝蓝的，恬静而肃穆。原野上，是秋风拂动着的刚刚出土的嫩绿的麦田与发黄的未收割完的玉米田，以及一处处烟树里的村落和土路上零星的行人。这里的一切，给人以安谧僻静之感，于自然无华的风景里，蕴含了一种古老而鲜活的情调。

怎么可以想象，三千年前的周人就在这片原野上生活的呢？就是岐山下这一片一览无遗的土地，曾使一个小部落成为粗具规模的小国，封建制度开始萌芽，继而开辟了一个大朝代的呢？

我寻访过公刘迁居的豳地，在位于泾河峡谷里的山一样的公刘墓前蹀躞过半日。在那沟壑纵横的山野里，公刘这位农神后稷的子孙，由邰迁豳，改善农业，颇有蓄积，得到了国人的赞颂。从追述周先公时农事的《豳风·七月》中，可以推想周先公是如何地重视鼓励农夫的生产兴趣,以增强生产力,使部落兴旺起来的。到古公亶父手里,是由于无力抵抗戎狄侵略,率家室和亲近奴隶迁居这岐山下的周原的。当时,其他地方的自由民说古公是个仁人,扶老携幼都来归附,人口比居时更多。拿什么供给这些归附人的衣服食物呢?在戎狄威胁下,古公为缓和内部矛盾,采用了商朝原有的助耕制,使新的封建生产关系在周国成为主要的生产关系。也就有了周原这片肥美的堇菜苦菜都像糖一样的土地上,划田分地,挖沟泄水,繁衍生息着农神远祖的子孙。

周公像

这一切,我只能凭借历史的记忆而知晓,而脚下的土地,眼前的景物,究竟蕴藏着什么意义,在告诉人们一些什么故事呢?

在这里的一个文物管理所里,我惊喜地看到了那遥远时代的遗物。这种惊喜,有对于历史的盛衰荣枯之感慨,有对于古代文化的敬仰与钦慕。掘自于周原地下的青铜器,其历史之久,数量之多,为世界所罕见。周人迁岐之后,其政治、经济、文化活动的中心,即今岐山县东北的京当和扶风县北的法门与黄堆交界处。这里的地下埋藏着西周青铜器的宝库,往往不是一件两件,一发现便是数十件上百件的窖藏铜器群。清光绪年间,扶风任家出土过著名的毛公鼎、大小克鼎和卫鼎,铜器多达 120 余件。近在 1976 年,扶风庄白发现窖藏铜器 103 件,包括西周前中后三期的,铸铭文的有 74 件。其中史墙盘为恭王时器,铭文近 300 字,屡述了微氏家族的业绩,奉献出了宝贵的西周史料。历史,远去了,而远古时候的遗物却存在于今人的眼前,邀得过往观客的匆匆一顾,使你琢磨人类童年时代的价值。那静默的遗物,似有青铜的铿锵声韵,以巨响回荡于天地之间,而震慑着后人的心魂。

透过放大镜,我看清了甲骨文的字样。这就是《诗经·大雅·绵》中所说的"爰契我龟"吗?刻在龟板上的果真是神的主张吗?用烧灼龟甲来占卜,看龟甲上的裂纹来断吉凶,再把占卜的结果简单记述在甲上,这当是我国较早的文字。这些发黄的龟甲上的象形字,记述了怎样的吉祥与厄运呢?那背后面烧灼的焦黑的痕印,像有火星在迸飞,给你一种异常神秘的感觉。

在这里,也可以看到周人的屋脊和天沟处使用过的瓦,也是我国迄今发现最早的瓦。同时,也有草拌泥和纯黄土夯打的土坯,即砖的前身了。墙面和屋内地面皆用黄土、沙子、石灰搅拌的三合土涂抹,其坚硬性犹如水泥。考古专家们根据岐山县京当凤雏村一处建筑遗址,用科学的想象,为我们描绘了一幅三千年前的一座宫殿的复原图。房屋坐北朝南,其平面布局完整、壮观,结构谨严。以影壁、门道、中院、大厅、过廊为中轴线,东西两边有厢房,其间均有回廊,并有台阶通向院子,檐柱、廊柱和屋柱都排列得井然有序。有阴沟排水管或明槽,排水设备十分合理。而扶风黄堆齐家村的单个建筑遗址,房子则很狭小,显然是西周平民住过的地方。在这一方原野上,很有布局地分布着制铜作坊、制陶作坊以及墓葬区,形成了一个规模宏伟的西周邑城。由此可见,我国传统建筑的风格是如何地源远流长。

从《诗经》的一些篇章可以想见,古公亶父是怎样在荒僻的周原上筑城郭室屋,拉绳栽桩,填土削墙,立起王都的郭门,建起大社坛,并如何以邑为单位安排归附人居住,改革戎狄旧俗,设立官司,形成了一个粗具规模的周国,继而强大到足以翦灭大国商的。往事越千年,历史如此无情,到哪里去寻找西周京城的踪影呢? 在召陈村,我看到的是一片被刚刚填过遗址的平地,只一根细棍标志着方位。遗址的周围,是一望无际的绿色海洋。村落,则如岛屿般静静地泊于其间。寂灭了的周祖古公的业绩,与眼前的风景置于一处,是多么令人感叹啊!

周原遗址史墙盘

我被一阵激昂的鸡啼所吸引,那是正午间村舍里充满生气的歌。炊烟随之升腾起来,在屋与树梢间相挽,弥漫了田园。从田里归来的人们,赶集归来的庄稼人,以及骑车子双双疾飞的青年男女,从绿野间的黄土路上过去了。鲜艳的红的衣衫或亮丽的白的背心,点缀着这绿的原野的色调。这使我想起西周的那些生活歌谣,女子如何求偶,盼望求婚的男子及时而来,别等到青春消逝,或是征人还乡,在细雨蒙蒙的路上如何想象恢复平民身份的可喜,想象那可能已经荒芜的家园和正在思念他的妻子,而带着急切的盼望和几分担心憧憬那久别之后的重逢。

　　远逝了的情景,已融化在眼前暮秋的风物中了。这时候,我的心呀,也融入了这苍茫的雄沉的古原,而低徊留恋,不忍遽去,仿佛回到自己的故园一般。

西周青铜器

凤翔

凤翔为古雍城,是丝绸之路关中西部的咽喉要地。

我在多年前到过这里,当时,秦公一号大墓的发现和开掘震惊于世,我作为记者到现场采访过。

春秋时代,秦人以此地为国都所在地,雍城外六公里处的北园,成了秦朝统治者的陵园。据考古工作者探明,秦公陵园区南北宽3公里,东西长7公里,占地面积达两万多公顷。陵区四周绵延十多公里的大型护陵壕沟,43座大墓中,有"中"字形的,有"甲"字形的,背西面东,呈雁翎形一路排开,规模宏伟,气势磅礴。

秦公一号大墓全长300米,总面积5334平方米,比湖南长沙马王堆一号大墓大20倍。它不仅面积大,更让人惊骇的是它的殉人之多。《史记》《诗经》记载说,秦穆公死后殉人达177人之众。从发掘资料看,其殉葬人牲有184具,由此解开了史学界多年的秘密,证实了秦王朝当时的奴隶制社会性质。所出土的数以千计的珍贵文物,如篆文石磬、金器、玉器、骨器,都充分证明了秦国人丰富的物质文化消费和高超的艺术创造力。

秦穆公是一位雄强有为的君主,在位的9年间,一面同晋国作战,一面与边境内外的戎狄势力相抗争。公元前645年,秦国与晋国大战于今山西芮城的韩原一带,生俘晋惠公,先后夺得陕西东部洛河与黄河之间广阔的地域。随之攻袭郑国未遂,在剿灭偃师的"滑部落"回师途中,于崤山遭遇晋兵伏击,全军覆灭,挫伤了东进的企图。之后突袭西戎,取得全胜。于是,东至晋陕之间的黄河,西至甘肃中部,统一成为秦国领地。

但秦穆公落了个残暴的恶名,殉人中竟有贤臣子车氏的三个儿子,便是一个例证。

古雍城遗址

要去看古雍城遗址,它位于今天的凤翔县城南。

我更感兴趣的是宋朝大文豪苏东坡留在这里的遗迹。用林语堂的话说,尽管苏东坡有那么辉煌的记录,他还是从基层干起来的。

嘉祐六年,也就是1061年,苏东坡被任命为凤翔府判官。此地因为和甘肃南边的强邻西夏纠纷迭起,人力缺乏,民穷财尽。到任第一年,苏东坡盖了一栋小屋做官舍,屋前有池塘,花园里种了31种花,屋后还有一个小亭子。他时常到附近调查案情,解决拖延的案子,尽量多释放一些囚犯。也喜欢出游,上太白山,游黑水河,甚至远走到长安附近的终南山,去看一位朋友收藏的名画家吴道子的珍本或真迹。

这一年,凤翔天旱,好久都没有下雨了,农夫担心收成,除了求雨,没有别的办法。而求雨是地方官的事,苏东坡突然活跃起来,打算使出一切辩才,替农夫哀求神祇降下雨来。苏东坡来到太白山顶上的天池,向龙王祈求降雨。下山之后不几日,果然下了一阵小雨。但旱情并未解除,心想是龙王的马屁没拍响,他又同太守上奏恢复太白山公爵之位,沐浴一番,派人从山上取一盆龙水回来。这回果然灵验,在他宣读祷文的朗朗之声中,阵雨下遍了周围四乡,且连下三天三夜,枯萎的小麦和玉米又绿了。

苏东坡

凤翔

苏东坡为了纪念祈雨的场景,将官舍后面的亭子命名为喜雨亭,并写了一篇碑文。据说,苏东坡在凤翔祈雨只应验了这一回,第二年天旱,雨没祈到,他又到宝鸡的钓鱼台去请姜太公的在天之灵相助,也没奏效,让他很是失望。三年任满,苏东坡回到了京城,被卷入了宋朝新政的暴风骤雨之中。

那篇碑文是人们熟悉的,至今这里还有一座喜雨亭,当然是后世修建的。

钓鱼台

人们常说，姜太公钓鱼愿者上钩。钓鱼台在宝鸡伐鱼堡南，为磻溪河旁一巨大岩石，留有双膝跪坐痕迹，传说是姜太公钓鱼的地方。至今，姜太公仍是中国老百姓相当欢迎的一个神祇。

走在碎石垫脚的曲径上，想着姜太公的艰难生涯。他的家境十分贫寒，曾屠牛于朝歌，卖饮于孟津。后来虽做过几天小官，但因纣王无道，故弃官而居东海。晚年了，听说西伯侯甚贤，又善养志，便移此地隐居垂钓。

这个每日垂钓于溪边的鹤发人，那钓线之端的银针却是直的，连樵夫也笑话他：你这样钓鱼是永远也钓不上来的。谁都知道，将银针用火烧红打成弯钩，穿上鱼饵，线上系浮子，鱼吞食，浮子必动，钩挂鱼腮，方可得鱼。"且将香饵钓鱼龟"，说的就是这个意思。而"姜太公虽曰垂钓，意岂在鱼乎？"他不为锦鳞，只钓王侯，"宁在直中取，不向曲中求"。他垂钓的样子又很滑稽，背向河水，且又将直钩离水面三尺。他是一个仁慈、公正的人，如果鱼儿跳出水面三尺来上钩，那就怪鱼儿自己了。他认为，曲中取鱼非大丈夫所为，意在守青山而得路，拨阴霾而腾霄。

伫立溪水边，我由衷地佩服古代大贤人的性情。脚下的钓鱼台是块花岗岩，从两道深深的膝印可以想到，老人多么耐得寂寞，年近黄昏却矢志不移，这恐怕是大器晚成者的奥秘了。悠悠九载之后的某一天，姜太公终于钓得一条大鲤鱼，当然也是愿者上钩的不凡角色。遂剖开鱼腹，却从中滚出一块鸡蛋大小的石头。钓者顺手丢弃，石头竟飞至一块开阔地，小头在下，大头朝天，变成一只大碗的样子立住了。且越变越大，擎天而立，石上闪烁着"孕璜遗璞"四个大字。璜是一种玉的名字，有发祥之征兆，如今游人多向大鳖石上丢石子，祈求赐福得子，并且说此神石仍在生长。

钓鱼台

姜太公垂钓得璜，一传十，十传百，惊动了当朝的周文王，文王遂来造访。两人饮酒泉水边，谈道论世，话语十分投机。八旬老翁侃侃而谈，一整套的强国富民良策，让文王大为欢喜，只恨相见太晚，请他出山辅佐周朝。文王将姜太公扶上车辇，亲自驾辕拉车，姜太公也不谦让推辞。不料车辇行至一处，车绳突然断了。姜太公问："你拉我多少步？"文王说："八百零八步。"姜太公笑了："我保你八百零八年的江山。"

自此，姜太公辅佐周朝，伐商灭纣，从此国泰民安，天下大治。周朝也果真延续了八百多年。有后人赋诗道："白发苍茫钓渭滨，宅心非是为金鳞。丝纶昔日长多少，牵制周家八百春。"

大钓本无钩，它悠然物外，却垂于乾坤。怀才不遇者在这里应该得到慰藉，樵夫也不敢失笑大贤了。

这条叫做磻溪的小河，从秦岭流来，汇入了渭水。

宝鸡

宝鸡，有人把它称为古丝绸之路的第二站。西出长安后，经咸阳的陶化驿、兴平的马嵬驿、扶风驿、龙尾驿、岐山的石猪驿、凤翔府驿，到达陕甘交界的陇县。从扶风开始，就进入了宝鸡境内。自古以来，这里就是中原地区通往西北、西南的交通枢纽。

这里的古代文化遗存很丰富，是周秦文明的发祥地，也是诸多民族文化的交融地，有"青铜器之乡"的美誉。相传是炎帝的出生地，渭河南岸的峪泉村有神农祠遗址。神农乡有天台山，如今是森林公园，有关神农、老子等的名胜古迹多处。炎帝神农遍尝百草，为人类除瘟驱病，140岁时还登上天台山挖草尝药，因误尝毒草火焰子而肝肠寸断，死于老君顶上。北首岭新石器遗址就在金陵河西岸的台地上，属仰韶文化晚期。

宝鸡古称陈仓，即刘邦从汉中进攻关中的项羽"明修栈道，暗度陈仓"的发生地。陈仓原有二城：一是上城，在斗鸡台东北，为秦武公所筑，用来祀祭鸡峰山上的古鸡；二是下城，在上城以东，为三国时魏将抗拒诸葛亮而筑。汉初韩信暗度陈仓后，曾屯兵于城西凹地，旁边有马跑泉。陈仓峪高屋建瓴，遗址虽残余，其气势仍很壮观。

我上过金台观多次，这里为明代道人张三丰修道处，现在陈列有许多精美的西周先秦时期铜器。站在这里,可以俯瞰市景,山川河流尽收眼底。

金台观

这里是八百里秦川的西尽头,西去列车在这里分为两岔,一条继续向西,经天水抵兰州,一条则折向南行,穿越秦岭,通往蜀地成都。一边是古丝绸之路,一边是李白所吟咏的"难于上青天"的蜀道。

秦岭是中国南北方的分水岭,北边水系为黄河,南边水系注入长江。东西绵延千里的秦岭,自潼关至宝鸡,峰峦叠嶂,南北宽度也有三四百里。仅在太白主峰方圆百里间,便有九条海拔上千米的山岭,从南向北依次是大散岭、秦岭、太白岭、兴隆岭、牛岭、凤岭、柴关岭、马道岭、土地岭,且均为古今必经之路。当年,狂放不羁、仗剑远游的李白来到大散关,咏叹道:"峭彴奔霆会益门,乱峰中袤一丝行。更登大散岭头望,无数群山此处迎。"可见大散关之所以被称为"秦蜀襟喉""川陕锁钥"的险峻。古隘口只有十米宽,地处空谷,峭壁悬崖,"一夫当关,万夫莫开"。从秦汉至隋唐,争夺大散关的战事有数十次之多,韩信、诸葛亮、唐玄宗、黄巢义军、金兀术等将相天子、一代豪杰,都曾经在大散关留下或悲壮或落寞的故事。朝南去,还有武休关、五丁关、剑门关,横在入川的崇山峻岭之中。

而向西的丝绸之路,也非坦途,充满了艰难险阻和神秘。

凤翔泥塑

过陇山

过了宝鸡，车是沿渭河河谷而上的。隧道多，弯度大，可以看见车的头和尾。川道上，正在修建铁路复线或新线，长长的一排桥墩竖立在河谷里。旁边是一条高等级公路，黛色的，有黄的标识，为偏僻山区涂抹了一道现代的亮丽。古语道，泾渭分明。眼前的渭水清中有浊，流量越来越小。河川里的人家，看来是富庶的，从屋舍、田地、绿树及村道上行人的穿戴，都可以感觉到这一点。高处的山麓土原，是由一片片补丁似的坡地构成的，退耕还林还草的春风还没有完全吹到这里。

军行图

这也许就是唐诗里的陇上，边秋草白，塞近云黄，一驿过一驿，可以想见岑参诗中说的马在沙漠的碎石中行走，四个蹄子是怎么样被磨出血来的。

若向西北行，便是泾州道上。边塞诗人王昌龄在考取功名之前曾乘马车走过这里，"倦此山路长……白日落何处？"他是饱览了泾水之滨白烟寒树之美的。

丝绸之路档案

西出长安望葱岭

另一位诗人李商隐,逃出官场是非,做了泾原节度使的幕僚和女婿,却又受到派别上的非议,在去长安应试博学宏词科时被人穿了小鞋,又悒郁地回到岳父家。他借用庄子寓言说,那些醉心利禄的人,像以腐烂的老鼠为美味的猫头鹰一样,对凤凰猜忌不休。他长期漂泊在外,一生穷困潦倒。但我之所以喜欢李商隐,就因为两句诗:"春蚕到死丝方尽,蜡炬成灰泪始干。"还是与丝路有关。

去成都的铁路线是从宝鸡分岔向南去了,从朝西的小站名推断,早已入了甘肃地界。村妇们穿了车站服务人员的白大褂,在兜售当地苹果。因水土所致,人的脸蛋和苹果有一样健康红润的气色。一小篮子苹果两三元钱,应该说是不贵的,还带一个篮子,又有塑料袋装,数数有七八个之多。我们买了一篮子,吃起来却有点面,不那么鲜脆,是水分少的缘故。等打开袋子,才发现苹果的包装法非常巧妙,外实内空,呈拱状,像窝窝头的样子。人家也没论斤两买卖,按篮计价,并没有什么欺诈可谈。旅人们大呼上当,其实是期望值高了,以为占了便宜,不该被乡人戏弄。当商品化的春风无所不到时,发生在这偏僻小站上的苹果篮的故事,就显得并不好笑了。

丝路,本来就是以商品交易为由头的。其文化的意义,是融化或附加的。它的种子,撒落在沿途的每一个角落,开花结果,长久不败。所谓的无奸不商,也可以被看作是精明巧妙,又有何不可。

陇山之隈的落日,是绚丽而壮美的。天,出奇地蓝。风,分外地清。一直到天黑,车窗外的地貌没有改变,逆着河水而上,山原迤逶而去,好似挥之不去的历史的背景。

列车穿越陇山

陇东

陇东，在我的印象中许是荒寂的。要去那里，人们一般习惯走丝绸之路的北路，从咸阳至乾陵折向北去，翻永寿梁，过大佛寺，前边就是陇东之壤了。当然，从宝鸡陇县也可以抵达那里。

我曾从北路过泾河，踏上了陇东的董志原。我的老家同官是旱原地带，沟上边的原野又宽又平。但老家人有到过董志原的，说那才叫大原，"同原八大原，顶不上董志原的原边边"。当我身临其境时，看见董志原极为开阔，四面的风景线勾成一个巨大的浑圆。

董志原是陇东的"白菜心"，西峰镇是庆阳的行政公署所在地。集市和路上，见到许多人都戴了小白帽，这是个鲜明的地方打扮。据说是因为经常刮风，有宗教信仰的意思，实用方面也能挡风。男子汉大多皮肤黝黑，少女和妇人脸上有一团红晕，风多，也是离太阳近，这是高原人健壮的特点。陇东有周祖遗迹，风土古朴，"好稼穑，不多讼事"，土地贫瘠，人们却勤劳善良。门楣上贴有门神，剪纸窗花鲜艳好看。

下董志原经驿马关集市，牛马如云，能想象到游牧文化与农业文化的交融情景。周围是有大幅度落差的沟壑莽原，庆阳城就踞于这沟涧辅辏之中。庆阳，为禹贡雍州之地，为周之先，至今颇有古豳之遗风。如大年初一贴画鸡,立春啖饼咬春,端阳插艾饮雄黄酒,清明扫墓戏秋千等,人们仍在沿袭着这些古老的民俗。

地上贫瘠,地下却非常富有。长庆油田在这里安营扎寨,走向了大西北的广阔天地,在中国石油战线上屡建功勋。这里的环江是流向泾河的,它从沙漠中来,也是从历史的长河中流来的。

陇东风光

在陇东,还有一座崆峒山,骤然耸立于平凉城外,是黄土原野上的神山。它的自然美来自山势和苍翠的植物群,其历史美则源于轩辕黄帝的传说。黄帝曾身裹豹皮,肩扛石尖长矛,骑着大象造访崆峒山,敲石击火以焚香草,操牛尾舞之蹈之,欲求得乘鹤天子的开恩,授其治理天下之道。黄帝终于抵达崆峒仙界,是以双膝代步,血染山石,而获取妙道仙术的。

因为泾河之源的方位,这里有劈剑痕迹的矾石,引出了一个吞珠化蛟的女子斩杀龙王的凄艳故事。同时,又续上了泾阳野老为龙王换头的传说。满山的龙须草,可扎成扫帚,避邪去疾,为陇东农家喜用之物。山下有柳湖,汪汪的闪着银光,这广漠中的圆点,是一滴泪水,更是一杯美酒,祝福人们的生活。

陇东

石窟今昔

秦州

唐贞观元年，秋八月，因遭遇霜害，粮食歉收，长安城里的人无论道俗，都四出觅食去了。玄奘遂借此机会，踏上西去求法之漫长征途。时有秦州僧孝达在京城学习《涅槃经》，功毕还乡，玄奘遂与他同行，一路西去。到了秦州，即现在的天水，停宿一夜。

杜甫曾经为了躲避战乱，从关中来秦州住了三个月。在这里，他几乎每天写一首诗，他投靠亲友的生活尽管拮据，有时以卖药为生，却也是诗兴大发。他的诗肯定无报刊发表，也就没有稿费，与生计无关，完全是出于精神的需要。天气变冷了，衣食无着的大诗人应同谷县令之邀，去那里维持生活。这位县太爷可能是个附庸风雅之辈，只是请他来玩儿，经济上并无实际帮助。他哪有心思玩儿，得操心去拾橡子，去雪地里挖地黄，为一家人充饥。在那里实在活不下去了，一个月后起身奔了成都。

我曾到过一次天水，记得在古董摊上购置了一些古钱币，真假不辨，仍然当宝贝收藏着。

途中经过的麦积崖，是四周荒坡秃岭环绕的一处神奇的名胜，属于西秦岭山脉小陇山中的一座奇峰。它的峰巅状若麦垛，加上苍郁的林子，更有蜂巢般的石窟和巨大雕塑以及造型各异

的群像，还有那些壁画，那迂曲险峻的小径，就足以成为天水的一道风景了。石窟建造于后秦时期，初名无忧寺，后称石岩寺，完全是开凿在悬崖峭壁上的。古人称它"其青云之半，峭壁之间，镌石成佛，万龛千窟，虽自人力，疑是神功"。其高浮塑、圆塑、模制影塑，还有壁塑，形式多样，堪称珍品。崖体属于一种沉积的碎沙石，可以用手指一粒粒抠下来。它是靠什么黏合物集无数沙粒成为这庞大石岩的呢？为使古人的艺术劳作延长寿命，今人在峭壁上施以钢筋水泥材料，箍成一个硬壳，来保护这珍贵的文化遗产。

麦积山

古秦州天水的另一处名胜是玉泉观，离城只不过几里地。它是一座雕梁画栋的古寺，古木苍苍，香火缭绕，静寂而安宁。玉泉观的独到之处应该是这浅山谷、黄土原怀抱的地势和疏疏朗朗的布局。寺院中有烧香卜卦的，有遛鸟的老人，有读书的学子，一切似乎都很和谐。

还有一座伏羲庙，位于西关，传说是最早的皇帝庙宇。代天称王的伏羲,是其母华胥踩了巨人的脚印后孕育而生的。他结网制弓,教人渔猎和畜牧业,创造文字和琴瑟,教人知书达理。他通晓天文地理、阴阳八卦,著述《易经》,制订历法,揭开了中华文明的第一页。此庙建于元代,香火旺盛。

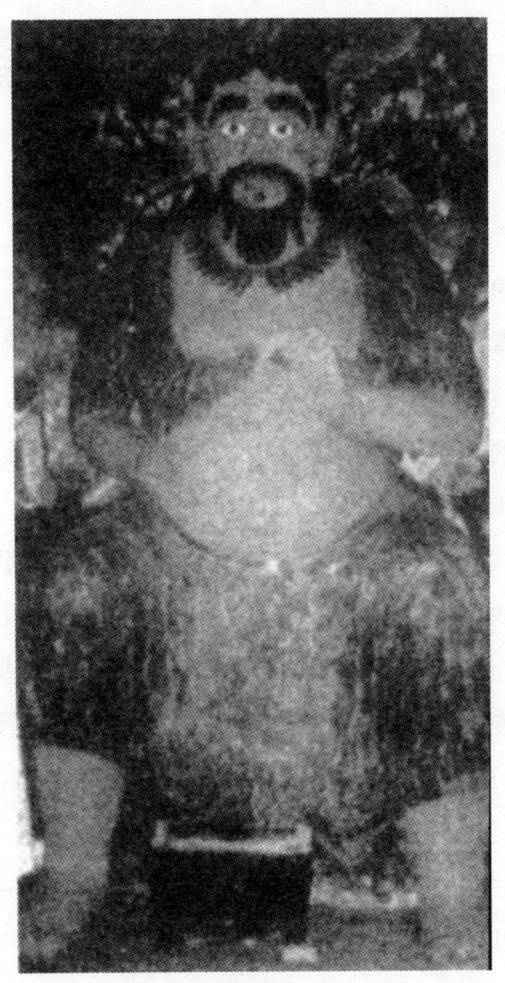

伏羲像

我记得在陕北延川的黄河边也有伏羲庙,还有许多地方也有伏羲庙。美好的东西总是人人都希望拥有的。

金城

兰州古称金城，有两千多年的历史，是通往河西走廊、青海、新疆的交通要道。

我曾看见过鄂尔多斯高原上的黄河，穿越过晋陕峡谷中诸多的古渡口，也在长安东门户的潼关黄河边驻留过数日，领略了雄奇多姿的母亲河的魅力。但在兰州的黄河边，我还是停下了远行的脚步。

我说，这竟是一条绿的河。在秋光里，湍急而深沉地流着，没有霍然的巨响，没有拍岸的涛声，含蓄丰满地从金城流过。黄河特有的"黄"的盛名，似乎于这时这里不大相干。绿的河上，横卧着一座铁桥，是大清宣统年间费了六十万两银子建成的。抚栏踏去，是一种浮动的感觉。铁桥的颜色有点灰蓝，造型粗朴拙崛，让人生出思古之幽情来。铁桥下的河水边泊着一条小木船，它是桥的过去。在太阳升起的上游不远处，是雄伟的黄河新桥，其色调明快，造型洒脱，是与现代工业都市的兰州相和谐的。

黄河边，有一尊雕塑，叫《黄河母亲》，有一种母性之爱的感染力。在晋陕峡谷的蒲津渡，有唐代铁牛守护着千年的祈求，作为崇拜的神物震慑河妖。而在上游的金城，却是母亲黄河的祝福。慈祥、美丽、温和的母亲，在抚摸着她的儿女，在新生命中憧憬着充满自信的未来。

黄河铁桥

　　位于黄河北岸的白塔山，山势起伏，拱抱着金城。回廊曲径，牌厦角亭，既有地方风格，又有民族建筑特点。三台建筑群的主峰，是始建于元代的白塔寺，古塔玉立，上有绿顶，下筑圆基，经历过强烈地震的考验。秋山红树的景色，更有一番情趣。据说这里自古是秃山荒岭，近些年间用黄河的水浇灌，绿化成了如此美景。

　　五泉山则位于南岸旧城边上，藏在了泉水潺潺的山坳里。五泉为甘露、掬月、摸子、惠、蒙五眼流泉，天然作美，向来属于陇上名胜。汉武帝元狩三年，骠骑将军霍去病西征，曾在这里安营扎寨。山园间的古建筑，早已在战争中焚毁，现存最早的一处建筑是崇庆寺内的金刚殿，为明代洪武五年修建，距今有600多年的历史。到了清代末年，陆续修建了千佛阁、嘛呢寺、地藏寺和三教洞等多处建筑群。

　　绿山，绿泉，绿的河，让丝绸之路上的重镇兰州，多了生命力的召唤。

始建于西秦时期的炳灵寺,又名龙兴寺、灵岩寺,万佛石窟分布于北岸小积石山中方圆7公里的岩上。一尊悬崖坐佛有27米高,有着慈祥的容光。由云梯小径通往一处处窟龛,大大小小的窟龛有183个,佛像近700尊,有的窟中还有珍贵的北魏壁画。尤其是西秦年间的造像题铭,是目前发现的我国最早的石窟艺术题铭记,更是无价之宝。

唐玄奘在西行路上,曾于金城停宿一夜。他是在秦州时适逢兰州伴侣,随之到了这里的。又遇上凉州人送官马归去,他又随之从这里向西去了。

谁也不知道,唐玄奘经过金城时究竟停宿何处。但这一路,可以说是顺利的。

兰州丝绸之路雕塑

河西走廊

"晨风吹来,一阵凉爽,新的一天又开始了。"

我的睡梦被列车播音员清新优美的声音唤醒了。接着,广播里响起一组西域风格的歌曲,是大多数人都耳熟能详的流行歌。王洛宾作为西部一代歌王,是让人羡慕的。他把这一带大自然的美景和劳动的快乐收入心中,酿出了酒一样绵长的歌。它们唤起人生活的信念,和对美好事物的向往之情。尤其是在人们身临其境时,一种内心的满足感油然而生。

在餐车上听女列车长说,是车过乌鞘岭。睡梦中,已经进入神秘的河西走廊。窗外是开阔的川道,一侧可见裸露的峭拔的山脉,想必是祁连山了。看车窗外的站牌,是武威南。眼前,河西走廊的地貌有点像关中平原,只是秋天来得早一些,田畔旁一排排高耸的小叶杨,黄亮亮的叶子分外鲜艳,在洋洋洒洒地飘落着。住舍却少有瓦屋,多是土坯造的矮小的平房,晾晒着黄澄澄的玉米。农人正在田里收拾包谷秆,地里有牛、羊、毛驴、骡子,这与关中平原的生态景观已完全不同了。与农业文化气息相通的家畜,在发达地区已被钢铁肌体的机械化取而代之,但在这里还保留着落后生产力的某种温暖。一片片鲜黄的油菜花,在这个季节,可能是作为饲料用的。

丝绸之路档案

西出长安望葱岭

再向西,树少了,人烟也就少了。偶尔有一群羊,不算丰茂的草地起伏或平缓,只是没有瞅见人影儿。草好一些的地方,有塔状的东西在辽阔的滩地上有规则地耸立着,好几米高,是草场的地界吗?没搞明白。

放牧图

从唐朝丝路的地图看,河西走廊以西的大片领域,几乎是一个空白。先是岷山下今称岷县的临洮,再是今称巴燕的河西九曲。紧接着的是青海湖,那一枚硕大无比的充满咸味的高原的眸子。也就在其西面的广阔地域,只标了三个大字——吐谷浑。

安史之乱时,吐蕃军趁边境空虚,竟攻入首都长安。十数日后,被郭子仪大军逼退。之后的吐蕃之战,秋风汉关,云压岷山,严武领兵收复失地,并写有《军城早秋》一诗。杜甫在漂泊到成都后,严武作为剑南节度使关照过他,于是杜甫也写诗相和,算是一种礼物吧。王昌龄的"黯黯见临洮","白骨乱蓬蒿",是说多少勇士在这里征战,留下的只有杂陈于野草里的白骨了。吐谷浑,原是鲜卑族建立的一个国家,先是被隋朝所灭,后又降服大唐。之后,吐谷浑被吐蕃所灭。人们所熟悉的唐诗中,有一首王昌龄的《从军行》:"烽火城西百尺楼,黄昏独坐海风秋。更吹羌笛关山月,无那金闺万里愁。"驻守吐谷浑故地的唐军士兵,在青海湖边的烽火台上,于秋风黄昏吹奏羌笛,思念着家中的妻子,该是多么忧伤啊!为维护河西走廊丝路的不受侵扰,唐朝廷曾几次统兵抵御吐蕃,青海湖边的沙砾堆中,有一半是战死士兵的骸骨。顽强地与吐蕃作战却不惜士卒性命的哥舒翰,日后被朝廷封为西平郡王,功过是非,任人评说。

匈奴牧羊图

所谓河西走廊,是说它位于黄河以西,被祁连山和北山夹在中间的狭长地带,自乌鞘岭至星星峡长达一千二百多公里,宽度为几公里至一百多公里。说河西走廊是丝绸之路的咽喉,是名副其实的。

凉州

位于河西走廊东端的武威,在唐代称凉州,因为十六国时代的前凉、后凉、南凉、北凉都曾建郡于此。

我记得唐诗中有这么一个有趣的情节:岑参一次由西到东路过凉州,已经是三月天气了,想是渭北春已老,而凉州城里还没有脱下棉衣。他与一位七十多岁的卖酒老头开玩笑:你一辈子恐怕卖了千壶百瓮酒了,路边的榆钱儿像铜钱一样,摘下来买酒你肯吗?

一尊出土于这里的"马踏飞燕",又名"马超龙雀",是中国最有名的铜制奔马。它发掘自雷台汉墓中,揭示了古凉州在历史长河中的神秘位置。

在原始氏族社会时期,这里就有人类的足迹。而最鲜明的是它多民族混融的强烈

雷台铜奔马

色彩,胡汉杂居,民族构成复杂。西羌、西戎是这一带的古老居民,秦汉之际,月支、乌孙、匈奴据有河西之地,羌戎各部分布到了陇东、陇南等地。随着秦汉王朝在这里建政设郡,戍边屯垦,

大量内地汉人移居河陇,众多降服的少数民族居民也被安置在这里。西汉中叶,汉武帝通使西域,在武威设郡。当时,这里就已是中外往来和交通要道,成为丝绸之路的必经之地。魏晋隋唐时期,佛教盛行一时,亚欧大陆交往越来越多,这里便顺势发达起来。

武威城内,有一座建于明代正统年间的文庙。这里收藏有珍贵的西夏文碑,还有元代的高昌王世勋碑、西宁王碑,是研究西夏和回鹘民族历史的第一手资料。城内大云寺里有一口唐代铜钟,高二米四,直径一米二,有很高的工艺价值,形质古朴,声音洪亮。

出土马踏飞燕铜雕的雷台汉墓,在出北门的雷台湖边。因前凉时张茂设雷台,供奉雷神得名。1969年在台下发现东汉晚期大型砖室墓一座,竟出土230多件珍贵文物。其中的铜制奔马,成为中国旅游的标志。

美国有一位叫谢赫的学者,写了一本《唐代的外来文明》的书。作者这样描述作为唐代陇右首府的凉州:"凉州是一座地地道道的熔炉,正如夏威夷对于二十世纪的美国一样,对于内地的唐人,凉州本身就是外来奇异事物的亲切象征。凉州音乐既融合了胡乐的因素,又保持了中原音乐家的本色,但它又不同于其中的任何一种,这样就使它听起来既有浓郁的异国情调,又不乏亲切的中原风格。"

这里所说的异国与中原文化,也就是胡汉文化的交融,形成了古凉州的文化特征。这其实也是陇右以至丝绸之路上的文化特质,时限也不因为凉州作为唐代陇右首府为界,而是贯穿于整个的古代历史全过程。

丝绸之路档案

西出长安望葱岭

　　玄奘法师当初到凉州,是随了凉州一位送官马的当地人,从兰州顺利来到这里的,在这里约莫停留了一个月有余。由于玄奘法师名气很大,无论是道是俗,在家人还是出家人,都请他讲经。玄奘讲的仍是涅槃经、摄大乘论和般若经。这里是河西都会,商客、僧人往来络绎不绝,听法师讲经的人很多,法席甚盛。众人听经后,大为赞赏,纷纷向他施舍珍宝。一些回国途中的商旅,听过法师的讲演后,成了法师的先遣者,一边走一边宣传,并向他们的国君再三谕扬,说大唐高僧即将西来。

　　当时,西域各国素来尊重佛教,他们听到这个消息,无不心生欢喜,准备恭候大唐高僧的驾临。但因唐室新建,战争刚刚停止,朝廷严防通关,不许百姓出境。这时候,凉州都督李大亮奉命守关。他听说玄奘法师要从凉州离国出境,就逼令玄奘折回去,东还长安。正在法师无奈之时,河西的佛教领袖慧威法师前来造访。慧威一向钦佩玄奘的学识为人,又极为同情玄奘西去求法的志向,于是暗地里派遣了慧琳和道整二位弟子,秘密地将玄奘从偏僻的地方偷渡出关。

　　玄奘一行三人昼伏夜出,从最不易被人发现的荒僻的戈壁滩上行路。随后赶到了瓜州,即今天的敦煌。

　　而我们一行,是乘坐现代的交通工具,在一日千里的列车的肚子里隐蔽着,前往西域之境的。

武威大佛

丝绸之路档案

西出长安望葱岭

甘州

唐称甘州的张掖,是丝路上的大商埠,由咸阳分开的南北两路在此会合。

东南有焉支山,西北是祁连山,汉大将霍去病曾在此大破匈奴,匈奴人也唱"失我焉支山,令我妇女无颜色。失我祁连山,令我六畜不蕃息"的歌。焉支山又名"胭脂山",说是山中有一种叫红蓝花的植物,用花汁加油脂可制成胭脂,供妇女化妆之用。匈奴语称"天"为"祁连",甘肃与青海交界处的祁连山又可称"天山",古人误以为这座天山与哈密之西的天山是一条连绵的山脉,统称天山。

这里雪水充裕,水草丰美,是天然的好牧场。李白诗中的"明月出天山,苍茫云海间。长风几万里,吹度玉门关"的天山,则是此天山而非彼天山,实为玉门关之东的祁连山。

"马上望祁连,连峰高插天",是古人的感受。我们在车窗里望祁连,感觉要轻浅多了。经过山丹时,见有石油基地,车辆多起来,有工程在实施,像在修路又像在铺石油管道。多年前我刚刚参加工作时,听一位年轻美貌的同事说,她曾在山丹军马厂当过牧马人,那情景如诗如画,美若天堂。遗憾的是,我没有看到想象中的骏马奔驰如云如霞的景观。马革裹尸还,是一种最悲壮的诗境。马,作为一个优秀的物种,在现代战争中的退隐是让人抱憾而无奈的。如同农业机械化,家畜就这样与人类疏远了。车窗外的一侧是延伸不断的土墙,高低宽窄不一,开始以为是军马场的围墙遗迹,后从烽火墩的标识,才认出了古长城的面目。河道不知是从什么时候干涸的,仍保持着它河流的模样。它们坚守在不毛之境,究竟在等待什么?

眼前的张掖,又重见富庶的川道,树林掩蔽着绵延的村舍。而忽近忽远的祁连山依然不离不弃似的伴随着我们,永远是一副冷峻的表情。灰的红的砂岩上,几乎寸草不生。它是自然界的屏障,也曾是古时戍边将士为之心旌飘摇而寸肠万断的地方。我们在现代列车中飞速西去,而从长安抵达这山脚下的战骑需要多少个昼夜?

位于河西走廊西部的古甘州,原以"张国臂掖,以通西域"而得名,是丝绸之路上的名城。因自然资源丰富,素有"金张掖"之美誉。张掖的名胜大佛寺,建于西夏永安年间,是我国唯一的一座西夏佛教寺院。卧佛身长35米,肩宽2.5米,也是中

张掖大佛寺

国最大的室内卧佛。殿前的对联是"视之若醒,呼之则寐",神态自然优美。意大利旅行家马可·波罗在他的游记中,对张掖卧佛曾经大为赞赏。

在张掖西北大约15公里的地方,有汉墓群,当地俗称为黑

水国城堡或老甘州。那里是古丝绸之路上的驿站,南北两堡垒对峙,相距有两公里远。兰新公路从两堡之间穿过,今天可以看到的是一片废墟。当初东西正中开门,筑有瓮城,城四角筑有土台,台上建有角楼。现在几乎处于被沙漠埋没的境地,没有了一点生气。

也就是这座黑水国城堡,曾收留过大唐高僧西行的足迹。传说在海子边曾经有一个黑水国,居民都是一些黑奴。又一种说法是黑水河流经附近,所以把这里叫做黑水城。

黑水国城堡遗址

甘州回鹘族,曾经是一个很有名气的民族。它本是铁勒的一支,散处于漠北色楞格河、鄂尔浑河、土喇河流域。唐太宗贞观年间,回鹘首领曾率五千骑兵与突厥交战,后又有铁勒部落来附,被唐太宗安置在甘、凉二州。武则天时,又有漠北回纥等部落迁居到甘州。后来,漠北回鹘汗国灭亡,离散中一支南下部落向西迁入河西走廊。由于控制河西的吐蕃抵抗,这支回鹘越过沙漠,进入额济纳旗,然后沿弱水来到甘、凉、肃州一带。先后迁入这里的回鹘人结合起来,势力逐渐强大,以至占据了甘州,建立了回鹘政权,并逐步统辖了秦州、凉州、贺兰山、肃州、瓜州、沙州等地的回鹘,成为当时控制河西的一股重要势力。因其牙帐在甘州,史称甘州回鹘。

甘州回鹘政权利用这里良好的自然地理优势,收拢了金山国,以及凉州的吐蕃,最终统一了河西走廊,维护了丝绸之路的畅通无阻。当时的畜牧业经济发达,养马业规模很大,他们营造绿洲,兼营农业,生活十分富裕。到了宋朝天圣年间,甘州回鹘政权被元昊袭破,回鹘可汗自焚,有数万回鹘人翻越祁连山,投奔今青海西宁的吐蕃政权,融入了异族之中。

嘉峪关城堞威严,列车在这里大幅度拐弯,好让我们回望漫长的历史风烟。我们却在不经意地抬眼中,看见了祁连的雪峰。它白皑皑的,似雪也似云,那白色的光芒一下子刺疼了我们疲惫干燥的眼睛,千年的湿润顿时浸透了旅人的心情。市区方圆数里,树林掩映着的是楼群、厂房和街市。嘉峪关旧城,就坐落在城西的开阔地上,面对的是一望无际的大戈壁,在风沙里茫茫然。

旅客中有人说了:"过了嘉峪关,母猪赛貂婵。"这是今人面对荒凉的戏谑之言。车站上有卖烧饼的,软软的,散发着香味,不知是麦面的还是玉米面的。

玉门

终于望见了一条大河，河流湍急，清澈的绿水从南向北流去，水势不小。

瞅着地图，惊奇地问旁边的旅客："这叫什么河？"

答复说："是北大河。"

这出现在戈壁滩上的河流，简直就是一条神奇的生命，太让人兴奋了！有水就有生命，河水经过的地方，远远近近地有了绿色。田园、树林、村庄，安然地生长着。我发现田里的玉米密而矮小，颗粒饱满，它们是最懂得节水节能的。毛驴在拉犁，水塘里有鱼跃，渠水潺潺，水库映着蓝天，真疑是到了鱼米江南。田地与戈壁滩的交汇处，有的盐碱地被放弃。草滩中，羊群很肥。

车上有十多个人从玉门关下车，无论男女老幼，都一脸黝黑泛红。他们可能是从嘉峪关或兰州、西安回来的，大包小包地带了不少行李。尽管这里已经失去了半个世纪以来石油城的辉煌，搬迁中的小城四处成了废墟，可他们的家还在这里，有谁会轻易舍弃自己赖以生存的家呢？他们走过站台，脸上是坦然的，有一种如归的放松感。偶尔有骑自行车的人，出现在寂寥的小街上。城角烧石灰的炉火正旺，白色的烟雾笼罩了小城的天空。

玉门，我们崇敬的地方，有如年老体弱的英雄，石油的血已几近干涸,守望的是光荣逝去后的悲壮。

忽然,我看见南山下一片闪耀,在斜阳里十分壮观。厂区,烟囱,塔形的建筑,可能是电厂或炼油厂什么的,一派生机盎然。四周是一望无际的戈壁滩,仍有奇迹在发生。前边出现了一群羊,密疏不一的骆驼草点缀在沙滩上,只有一个牧人,他也不望一望身边呼啸而过的列车。

三彩驼俑

疏勒河,清明而疲惫地涌流着。河流上下,多了油罐车的来来去去。从地图上看,此处距玉门关、阳关不远,位于西南方向百十里左右。思维刚刚潜入历史长河的边缘,眼前又出现了极富现代感的风景,几座白色的风车在高高地滑翔。它的新,它的美,让古老和荒凉远远离开。紧接着的白色是棉花,大片大片的棉田迎面扑来。棉花也同其他植物一样,茂密而低矮,却银桃累累。采棉人点缀其间,半人高的装满棉花的蛇皮袋一排排栽满地头。有沙漠与棉田相间,引来渠水,围起田垅,就有银花盛开了。

　　日落时,祁连如黛,戈壁黝暗。残阳在一遍遍涂抹着天地的黑白层次,把一弯新月点缀在山峦之巅的蔚蓝色天幕上。浑圆的日头淡薄了,却与一轮新月相映成趣,真是日月同辉的奇观。

　　天黑后,车至敦煌。这里原来叫柳园站,近年改为敦煌站。而离以莫高窟著称的敦煌,还有百十公里。库尔勒至西安的列车恰好在此与我们相遇,好像是背道而驰,其实是殊途同归。

戈壁

楼兰

列车是潜行在夜里的一条现代大虫,如入无人之境,呼啸在古丝绸之路上。驼队马帮虽然已经十分稀罕了,但大自然的风物似乎并没有多大变化,除了戈壁滩就是大沙漠,间有比例很小的绿洲。在我们似睡非睡的梦境中,列车已过了安西,过了哈密,过了吐鲁番。车窗外的山峦,虽说依旧是祁连山的貌相,却已是天山了。

古丝路在安西和敦煌分岔,一分为三,有北新道、北线和南线。北新道是由安西向西北越过戈壁滩,经哈密、吉木萨尔、乌鲁木齐抵伊宁。北线是由敦煌出玉门关,经鄯善、吐鲁番、焉耆、库尔勒、库车、阿克苏至喀什。而南线则是从敦煌出阳关,经米兰、若羌、且末、和田、叶城至喀什。我们乘坐的火车路线,是由敦煌的柳园经哈密,又从北新道跨到北线的鄯善,直抵库尔勒。

对于向往中的楼兰,我们绕了一个半圆,但始终与它形成一个相对的距离,只是在联想中让心灵抵达。

"不破楼兰终不还",楼兰,成了西域的代名词,让唐朝的多少诗人吟咏不尽。也让今天的摇滚乐手们当成标签,歇斯底里地嚎叫着楼兰楼兰,穿着牛仔,喝着啤酒,叼着香烟,甩着彩色的长头发,发思古之幽情。诗仙李白也是够狂的,他发出的是"愿

楼兰

将腰下剑,直为斩楼兰"的英雄式的浩叹。

楼兰废墟

其实,古楼兰国早在唐朝诞生二百多年前已神秘地消失在沙漠深处了。直到距今一百年前,一支由瑞典人斯文·赫定带领的探险队出现在罗布泊,一个维吾尔族向导在走失后连人带马被吹到了一座废墟,沉睡千年的古楼兰醒来了。丝绸还在说话,说一些"子孙无极""延年益寿"的吉利话。

西汉时的丝绸之路,给了楼兰国以商机,楼兰之后被匈奴吞并,反过来与西汉为敌,抢劫商旅,阻断丝路。于是,汉将霍光派人出使楼兰,贪图财物的楼兰王来了,在宴席上掉了脑袋。其弟被立为国王,为避开匈奴,迁都到今天的米兰一带去了。楼兰城成了汉朝的军事要塞和大驿站,到了东晋年间便神秘地消失了。

我们从地图上可以看到,阿尔金山与天山之间几乎全部都是沙漠。从塔里木河进入的塔克拉玛干沙漠,是那里最大的沙漠。在其东边,写着"罗布沙漠"。这里也是没有水的瀚海。那里有古代的楼兰国,即鄯善国。日本少年探险家橘瑞超步瑞典人斯文·赫定和斯坦因博士的后尘,在罗布沙漠中寻找古楼兰国的踪影。他说,因为他不知道古楼兰国曾经有过什么样的佛教。

橘瑞超在《中亚探险》中写道,在汉代,楼兰国常常成为匈奴的走狗,有时与汉结盟,有时像蝙蝠一样,耍苦肉计,介于汉和匈奴两大势力之间,勉强维持其政治生命。楼兰处于汉与西域诸国之间的交通要道,双方都想让楼兰服从自己,以地理位置上的优势对付对方。正是在这个时候,汉武帝派博望侯张骞到大月氏国,缔结攻守同盟遭遇失败后,又派军队讨伐大宛国,多次遣使者出访西域诸国。但汉代的使者每经过楼兰国,都有被逮捕或杀死的,便惹怒了汉武帝,遂出兵楼兰国。作为降服的标志,楼兰王把一个王子送到汉朝,同时又把另一个王子送到匈奴那里,发誓严守中立。就在汉朝的远征军攻打匈奴的属地时,楼兰王内通匈奴,让匈奴的士兵偷偷进驻国内,又激怒了汉,汉武帝再次起兵打到楼兰首府扜泥城。国王大为恐慌,开门谢罪。汉武帝在赦免楼兰王后,又要求他监视匈奴的动静。

楼兰王死后,需要在汉朝当人质的王子回去继承王位,王子为父王的死非常悲痛,但不想回国,让弟弟继承了王位。新王不久又死去,匈奴借机让在本国当人质的王子继承了王位。汉武帝知道后大为吃惊,企图诱骗新国王到汉朝扣为人质,却未能成功。在楼兰与汉交界的玉门关以西,有一个叫白龙堆的地方,风沙经常刮到空中,像龙的形状,旅行者容易迷路。汉朝便命令楼兰随时协调解决向导和饮用水的补充问题。由于汉衙役经常虐待楼兰向导,最终导致楼兰方无视汉朝命令,拒绝帮助,双方又产生了摩擦。汉武帝派刺客杀了新国王,送给在汉朝当人质的王子一名美女,让他回国继承了王位,听候汉朝使唤。后来,汉的势力削弱,楼兰又背叛了汉。

　　在丝绸之路上,由于交通条件落后,许多人认为西域就像《西游记》里所描写的妖魔鬼怪住的地方,百鬼夜行是那些国度里的常事。十三世纪时,马可·波罗在游记中说,自古以来,这个沙漠中的妖魔鬼怪常迷惑行人,以把他们引入死亡之渊为乐趣。399年的法显西行取经路上,也说一出玉门关,附近有恶鬼,有时突然会被热风刮起,面临的将是死亡的危险。天空无一鸟,地上无一兽,一望无际,视野可以达到极端,可以作为标记的,唯有暴露在沙漠上的人骨和兽骨。这些恐怖的情景,多是发生在楼兰所在的罗布沙漠一带的。

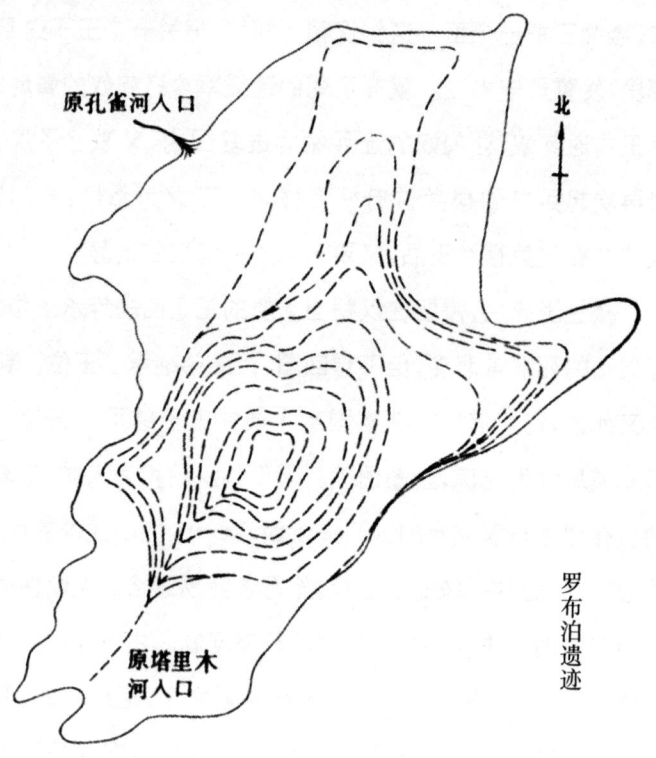

罗布泊遗迹

《汉书·西域传》中是这样记载楼兰的:鄯善,有一千七百五十户,人口一万四千一百。土地贫瘠,因含盐分,故耕地少。从邻国进口农产品,国产品只有柽柳、玉石、芦苇类、白草类。居民逐水草、追家畜而转居。多骡、马、骆驼,居民懂武器制造法。

法显记载道:出敦煌,行十七日,距离九百公里,抵鄯善国。国土贫瘠,多沙砾,凹凸不平,以国王为首,国民皆佛徒,僧四千人。

根据玄奘的记录,他在唐玄宗时代,于西去印度回来的路上经过了楼兰国。玄奘则以"且末东行六百公里,达纳缚波(楼兰)国"的简单记录作为他旅行的结尾。《大唐西域记》中有关徙多河即塔里木河的记载,如发源于狮子口的这条河流进入东北的海,即罗布淖尔或蒲昌海,潜入地下,变成积石山河又流出,成为中国河的水源。

对于这种说法,橘瑞超说,奇怪的罗布淖尔可能是黄河的源头。而在汉唐时,楼兰南边的罗布淖尔这个大咸水湖,已经大为缩小了。楼兰的位置究竟在哪里?都说在罗布泊周围,而准确的位置,仍然是一个谜。用橘瑞超诙谐的话说,如果一定要知道的话,只能去问长眠于变化无常的沙漠之下的楼兰国民了。

如今,这片茫茫的大沙漠,竟然是古楼兰王国的遗址。今天的罗布泊也已经干涸,曾经是万人之国的楼兰,生命已不复存在。

丝绸之路档案

西出长安望葱岭

天山

"天山?""天山!"现代丝绸之路上的旅人们,惊奇地向车窗外望去,天山也敞开了它宽阔的胸怀,让人们进入它神秘的境地。

天山

列车与天山不是结伴同行,而是潜入了山丛中,出入隧道,作大拐弯,一直盘旋而上。我们似乎登上了月球,满眼的世界寸草不生,是冷酷也是温柔。从山脚到峰巅,因角度的不同,早晨的光线显示着一层层的明暗。

稍行片刻，近山的山体罩上了细绒毯似的浅草，那么均匀平展，像是都市中的人工草坪。身边一条清流，绿得发蓝，列车便逆着这道河谷盘旋而上，似乎要去追溯这纯洁生命的源头。一簇簇峥嵘又蓊葱的沙枣树，野生的，沿河道铺排开来。忽然有一片开阔地带，出现了高耸的大叶杨，比我们在任何地方见过的同类植物都要苍翠碧绿得多。可能是视觉落差的缘故，眼前的大叶杨油光闪亮的程度是十分动人的。这树是人栽的，旁边的小站点空留一片残垣断壁。

　　忽见一片草场，风吹草低，有几匹精瘦的马儿在自由自在地游走。这该是所谓的牧马天山了。如此美妙的图景，是任何画师不能描绘出来的。

草原

　　古代丝绸之路的北新道，由伊州往西北行，走三十多公里后，到达天山下的南山口，就要翻越巍峨的天山山脉了。据说山上有天山庙，是用石头砌成的方形建筑。古代商旅经过天山时，都要到庙里烧香，祈求平安。天山下是绿草如茵的大草原，丝路

北新道过了天山,是沿着北麓的草原西行的。这里水草丰美,古代商人和旅行者因为大都使用马和骆驼,自然资源便当,北新道因此而兴盛起来。

李白的心里升腾着积雪皑皑的山峰,惦记着戍边的将士,唱起了《塞下曲》。其中一首写道:"五月天山雪,无花只有寒。笛中闻折柳,春色未曾看。晓战随金鼓,宵眠抱玉鞍。愿将腰下剑,直为斩楼兰。"

岑参也说:"天山雪云常不开,千峰万岭雪崔嵬。北风夜卷赤亭口,一夜天山雪更厚。"他的一首《赵将军歌》写道:"九月天山风似刀,城南猎马缩寒毛。将军纵博场场胜,赌得单于貂鼠袍。"此诗是说天山一带的气候异常寒冷,将士们以赌博消遣,正好赢得了御寒的皮袍。

我们不是徒步或骑马行进在天山道上,在现代列车的包裹下,怎么也体味不到其中的诗意。雪景如在画里,山风在玻璃窗外,我们只是欣赏天山雪景的过客,没有让双脚踩在坚硬的雪地上,是不会像唐朝边塞诗人那样有泣血之作的。

天山山脉,古有北山、雪山、阴山、白山诸称,是亚洲最大的山系之一。东西长约1700公里,南北宽约280公里,其东部横亘于新疆山段,天然地把新疆隔成南疆和北疆。

天山的最高峰是西部国境附近的托木尔峰,海拔为7435米,中国登山队曾于1977年7月25日首次攀登该峰。

天山是中国最大的现代冰川区,它奇异的冰川景观,早就为学者和探险家们所注目。它是新疆最大的固体水库,形成附近一带的诸多大河,滋润着北疆南疆广袤而肥沃的盆地和绿洲。

11点多,列车越过了天山顶端,开始进入南疆。过焉耆,已是沿河而下。这条河，眼看着流量渐渐增大，河谷愈来愈显宽阔。我一下子还没弄明白：它是通天河，还是孔雀河，或者是开都河？河水湍急汹涌，清澈碧蓝，一直把我们引领到了一望无际的出山口。

鹅卵石和沙砾间之的河床铺天盖地，任由冲出了峡谷的河流信马由缰地奔腾而去。一会儿远在天边，一会儿近在咫尺，它在与我们玩耍嬉戏，已经很快地把天山抛在了身后。绿洲出现了，万顷沃野拥抱了我们。经和静县，绿野忽地退去了，又是满目的沼泽、盐碱地、沙滩。钻出一处山脉中的隧道，大片大片的沙漠被推平了，一条条的滴灌措施如天罗地网，刚刚栽种上的小树苗绵延开去。

绿洲

焉耆与铁门关

途经的焉耆是西域的古国之一,汉朝的班超在这儿驻守过,唐代设有都督府。

时任安西大都护府要员的岑参,曾从焉耆城骑马西行,在马背上吟咏了一首诗,题为《早发焉耆怀终南别业》。是说马蹄下的薄冰在响,耳边是悲凉的笛声和军中的鼓鼙。他流着泪水说,我的家乡在哪里?昨天晚上,我还梦见终南山下清澈的小溪呢!

远远望见的铁门关,位于今天的库尔勒城北,这里控制着峡谷的出口,由此可进入塔里木盆地,扼孔雀河上游长达十多公里的陡峭峡谷的出口。晋代在此设关,因其险固,故称铁门关。峡谷因此也称铁关谷,今天称为哈满沟。这里壁立千仞,地势险峻,是古代丝绸之路上最为艰险的路段之一。关旁绝壁上,刻有"襟带山河"四个大字。

岑参来到这里时,只看见"门内一小吏,终日对石壁",望一眼险峻的地势,"桥跨千仞危,路盘两崖窄",真让人头发都要变白了。

这天晚上,岑参就住在铁门关的西馆里。这是官府用来接待贵宾用的旅馆,按说条件应该是不错的。晚上,他望着月光,又想起了远方的家园,又写了一首题为《宿铁关西馆》的诗:"马汗踏成泥,朝驰几万蹄。雪中行地角,火处宿天倪。塞迥心常怯,乡遥梦亦迷。那知故园月,也到铁关西。"

诗人李白写过一首《从军行》:"从军玉门道,逐虏金微山。笛奏梅花曲,刀开明月环。鼓声鸣海上,兵气拥云间。愿斩单于首,长驱静铁关。"从玉门到铁关,是一条漫长而寂寥的征路,有杀声,有怨笛,马踏匈奴,扫平铁关,成了征人的唯一心愿。

《晋书·西戎传》有这样的记载,前凉时沙州刺史杨宣进兵西域,其部下张植曾抢先占据这个峡谷而取得胜利,自此遂有兵关之设。

《唐书·地理志》中所称"自亚耆西五十里,过铁门关"即指此地。

铁门关

《明史·西域传》的记载颇详:"有石峡,两岸如斧削,其口有门,色如铁,番人号为铁门关。"

近代谢彬在《新疆游记》中说:"两山夹峙,一线中通。路崎危石,侧临深沟。水流澎湃,日夜有声。湾环曲折,幽邃险阻。时有大风,行者心戒。有一夫当关之势。"

据地理学家研究,在距今两亿年前的地质年代里,当时的焉耆盆地和博斯腾湖还没有形成,开都河滔滔的巨流在冲出山口之后,于今焉耆的西侧奔流直下,然后以雷霆万钧之势,切开今天的库尔勒与塔什店之间的低山丘陵,冲出一条险峻的峡谷。

铁门关是开都河的杰作。由于后来地壳的变化,天山地域出现了断陷盆地,便形成了焉耆盆地及巨大的内陆淡水湖博斯腾湖。湖水溢流,向西淌去,这便是美丽的孔雀河。

铁门关附近有公主峰,山上有两座坟墓,埋葬着古焉耆国的一对恋人——公主左赫拉和宰相的儿子塔依尔,他们是为了爱情而殉身的。

当初,玄奘自高昌出发,西行至此,当时这里叫阿耆国,说这里流行小乘佛教,他在这里停留过一宿。从此西南行二百余里,越过一座小山,渡过两条大河,经行平川七百余里,到达龟兹即今天的库车。龟兹是丝绸之路北线上最大的城市。当时的龟兹有八万人口,是西域三十六国中最大的国家,其余小国人口少的只有几千人。龟兹国佛教兴盛,其僧可食三净之肉。玄奘以大乘戒律有违,不食。

因凌山雪路未开,玄奘在龟兹国停留六十多日,其间与高僧木叉鞠多就《杂心》《俱舍》《毗婆沙》等义理探讨论争,终于以诸论文义不足,有待大乘《瑜伽师地论》,说服了高僧鞠多。

日本探险家渡边哲信在一百多年前路过这里,记述了焉耆的佛教遗迹。他说:"我们由此通过了中国有名的铁门关,到达焉耆。这里是一个肮脏的小镇，住了好多卫拉特蒙古人。他们是一些虔诚的喇嘛教徒，但很爱喝酒。这一带佛教遗址很多，但卫拉特蒙古人说这里是他们祖先的遗迹，不让任何人碰动。因为焉耆靠近湖水，蚊子特别多，所以睡觉时必须在室内燃起马粪驱蚊，马畜则不一会就浑身是血点了。从焉耆往前走，路上到处是水，几乎是在水中行走一样。幸好中国官员借给我们好多马，重要行李尚未被水打湿。"

渡边还写道："从焉耆到托克逊的途中，因为断了马料，我们只好吃了五天的汤面条。那里是一个常刮大风的地方，一旦大风刮起，可以把四匹马拉的车吹飞起来。"

铁门关

在焉耆四十里堡乡，有一座汉唐遗址，据说是汉代焉耆国都员渠城。城墙大部分完好，周长约三公里，有东、北门楼和敌楼遗迹。城内院落和城外护城河，仍可寻到一些痕迹。

库尔勒

又见天山,苍凉的天山。山下的大片绿洲,即我们的目的地——现代化新型城市库尔勒,出现在我们面前。

库尔勒在行政区域上属于巴音郭楞蒙古自治州,是这个州政府的所在地。除库尔勒外,所辖的县还有尉犁、轮台、和静、和硕、若羌、且末、博湖及焉耆。这里是西汉时焉耆、危须、山国等诸国的地方,在东汉至唐代属于焉耆国。唐高宗时曾设焉耆都国府,为安西四镇之一。

日本探险家渡边哲信写过一篇《在中亚古道上》的文章,他经过这里的时间是明治三十六年的八月中旬,也就是1903年秋天。他说:"沿天山山脉走了八天,到了一个叫库尔勒的地方。在此之前,山上完全没有树,河里是一些泥水,到了库尔勒,才第一次见到清澈的流水。那条河叫孔雀河。在焉耆那边有一个名叫博斯腾的大湖,这条河大约就是从那里流过来的。但是流入湖里的水量小而混浊,而孔雀河的水量却大,水也清,据说当地人自古以来就对此感到奇怪。这个地方的水质好,土质也好,盛产大米。"

到了1909年2月,第一次从日本本土出发的大谷探险队来到库尔勒。其中两名年轻的僧人野村荣三郎和橘瑞超,是在库尔勒分手,一个沿天山南麓向西,一个向南进入罗布沙漠的。

古时曾被印度人称为"中国王子"的中国梨,早在三千年前就已栽培。其中的焉耆梨,在七世纪的《大唐西域记》中即被提及,如今叫库尔勒香梨,是新疆所产之梨中的一个名牌。它的特点是皮薄肉丰,心细甜而多汁,入口消融,没有渣子。其果实大小适中,形若纺锤,果皮黄绿,阳面有红晕。如今的香梨园,已从孔雀河边一直伸延到了塔里木河最下游的沙漠边沿。库尔勒绿洲,已成为百梨争雄的王国。

阳光灿烂,热风扑面,人们都穿着汗衫,满脸的油光闪烁。而我们一行还是毛衣加棉衣,捂出了一身水。从西安走的时候,已是深秋天气,早添加衣服了,没想到一路西行,冷暖交错。不是说新疆都下雪了吗,怎么还热似酷暑?原来这里温差大,有点像"早穿皮袄晚穿纱,抱着火炉吃西瓜"的地方。当地人说,这里成年都不下雨的,下一阵毛毛雨,落一层薄雪,已经是稀罕的事了。

在去宾馆的路上,我们看见的却是绿树成荫,鸟语花香,宽阔的街市上荡漾着清新的风。尤其是这条穿行市区的河水,宽阔舒缓,绿如绸缎,让人有如进入天堂之慨。这就是孔雀河,库尔勒人的母亲河。人们依赖它生存发展,吃水,灌溉,不是靠天而是靠地上的这条河。

孔雀河发源于天山中段南坡的开都河,经过尤尔都斯盆地而注入博斯腾湖,又从这巨大的内陆淡水湖流出,形成孔雀河,朝西流到了这里。原来,孔雀河是注入罗布泊的,半个世纪来,沿河修建了铁门关等水电站,其尾水用于灌溉,散失于尉犁灌区。

我们入住的塔里木石油宾馆，四星级标准，是洁净宽阔的。一楼的自助餐中西结合，各种口味齐全。出入这里的大多是到油田办事的，也不乏外国专家与合资经营者，一些来此地的旅客也乐于在此下榻。

古时的驿站，有驼圈马厩，有柴棚土屋，也有类似号称国宾馆的阔气地方，但无论如何不会有眼前星级酒店的舒适和享受。即使到了上个世纪初，渡边哲信也好，野村荣三郎和橘瑞超也好，在库尔勒住的客店也只能是泥屋土炕，吃的是馕和膻腥的羊肉。当然，古丝绸之路上夜宿驿站的商人和脚夫的鼾声，未必不如今日西装革履者的酣眠香甜。距离的遥远产生了神秘，现代文明的交通工具尽管使空间缩小了，但并不影响人们对于远方的念头。事实上，现代生活中的人们，已经很少有前辈探险者的毅力和勇气了。包括我们一行在内，花拳绣腿的招数多于脱皮掉肉的付出，人类在大自然面前的姿态多少有点萎缩了。

走出柳暗花明的庭院，去市中心的广场散步。栅栏外的孔雀河上，洁净得瞅不见一片树叶大的杂物。自然的河床被拓宽升高后，河水舒畅而平滑。

陕籍老石油老郝，以主人的自豪感指着对岸的高楼告诉我，他的家就住在那儿，中央空调，三室两厅，夏天晚上可以下到河边，平躺在河面上，望着蓝天白云，任河水把他漂到几里外的下游，再沿着岸边散步回家。

老郝应该说是我的老朋友，多年前我刚从大学毕业后当编辑，他从关中北原上的永寿县乡村小学给我投稿，我们还在西安小南门外红缨路的小院里见过一面。提到他的老家永寿县，那是丝绸之路西出长安后经渭城北上，过乾陵与豳州，抵达陇上而必经的一个地方。他倒是丝绸之路上的一个现代先行者,或叫作开发大西部之西的千千万万人中的一个。在某种意义上,他的作品是怀乡的多,有一点唐朝远征人岑参的味道。

作者在库尔勒

后来,从一些报刊上读到他的作品,从所写内容看,多是反映石油生活的,猜想他到了石油上。这回见面一聊,老朋友一别竟是二十多年,都是"奔五"的人了。他说他已是老库尔勒人、老石油了,尽管还不懂维语、蒙语,仍操一口老陕醋溜普通话,但陕西老家已很少回去,当年也就是为了解决农村媳妇的户口,从教书先生变成石油汉的。东西还在写,写东西让他脱掉了油污的工装,坐进了办公室,所谓文学的东西只能是聊以自慰的差事了。家乡好,家乡亲,只能在梦里在文字里排遣了。

无疑,老郝和众多的外来人一样,早已把丝绸之路上古焉耆之地的库尔勒当成了自己的第二故乡。

塔里木

从地理上说，新疆北有阿尔泰山，南有昆仑山，中有宽厚的天山，把新疆分为塔里木和准噶尔南北两大盆地。"三山夹两盆"，是辽阔新疆的地形轮廓。

塔里木是我国最大的盆地，面积约53万平方公里，几乎等于我国台湾省的15倍。由于盆地远离海洋，周围又有高山环列，阻断了湿润的海洋性气流的进入，因此气候极端干旱，盆地东南部几乎终年不雨。位于盆地中心的塔克拉玛干，是我国面积最大的大沙漠。

在塔里木盆地周围，数百万年以来，发源于山地的河水，从山上挟带下来大量的风化物，在山前不断积聚，形成了许多倾斜平原。其中下部平原水源丰沛，土壤肥沃，形成了一片片绿洲。

新疆的绿洲，据说有1000个，总面积近7万平方公里，大约占新疆面积的4%。大的绿洲有居民多达四五十万人，一般的也有千百来户，小的也许有几户人家。盆地边缘大大小小的绿洲，呈点状散布于浩如烟海的戈壁沙漠之中，恰似海上的岛屿。

日本人堀贤雄在《塔里木之行》一文中写道："1903年1月1日，每三次离开故乡在外过元旦，这次是和渡边两人，在中国的和田迎来了元旦。"这一次，他已骑马在中亚过了四个月。元旦后,他们沿着和田河,纵向穿越塔克拉玛干大沙漠。经英艾日克、塔外克库尔,渡过玉龙喀什河,过巴合塔克、巴克夏木、柯拉、吉尔等地,跋涉二十三天后到达阿克苏。

堀雄贤在和田河边

从堀贤雄所记述的沿途风物看,一百年前的塔里木西部并不都是荒漠世界,而是星星点点的绿洲点缀其间。那里有树林、农田、房舍、水渠,有鸡飞、狗跳、羊儿跑,有野鹿、野鸡、野兔,人们过着自食其力的天然的生活。当地人对他们很友善,送给他们粮食、牧草、羊肉和活鸡,为他们当向导。他们到农舍里去听当地的民间音乐,一把琴,两面鼓,乐师的演奏虽单调,加上妇女的舞蹈,却充满趣味。

女乐师

如今的库尔勒是塔里木油田基地，也有农二师，市民大多是当地的少数民族。在建置上称为巴音郭楞蒙族自治州，也有维吾尔族和其他少数民族聚集在这里。

萨依巴格市场很喧闹，人们的长相、穿戴和语言，货物的品种及特征，让人觉得是进入异域了。布匹大红大绿，鲜艳夺目。核桃很大，皮薄仁香。这里最著名的库尔勒香梨，香酥脆甜。肥硕的石榴更是笑开了嘴，有榨汁现卖，酸甜可口，实惠得很。我们要过精致的英萨利小刀把玩，摸一摸五颜六色的阿勒泰织毯，戴一戴维族小花帽，如同进了民俗馆一样好奇。当地的小孩子也好奇于我们，追随着摄像机争着说要上电视，扎起两根小指头摇晃着，那一双双美丽动人的眼睛让人爱怜不已。卖羊肉的、烤包子的、烤馕的摊主，都吆喝着让摄像机拍他们，知道这是免费广告。也有一小店，见了摄像机过来，连忙拉下铝制门，不知怕什么东西被曝光。路边一个摆西瓜摊的老头，拦住摄像机不让拍，可能是怕自己的非法经营被查处。

在和田玉店铺里，同行的李老迟迟不肯走开，仔细地挑选了一对属相小饰品，想来与他和老伴的属相有关。如今小年轻人的恋情里，不也常有这样的游戏课吗？

李老多年前来过库尔勒，写过库尔勒，但如今一切都变了，变得让他认不出一条街道或一个楼房，和我们一样成了陌路人。在酒店的餐桌上，有羊排、驼掌，主人向李老介绍骆驼蹄子时，老人放下筷子诧异了。

这道名菜叫丝路驼掌，又叫雪峰驼掌。在西丝路上，骆驼是最重要的交通工具，由于在沙漠里长途跋涉，凭借的是四只坚实的驼掌，掌部全是筋，营养价值很高。但骆驼一般寿命长，很少宰杀，驼掌也就很难寻到。因此，驼掌与熊掌一样名贵。驼掌的烹调方法讲究，先是洗泡发软，以鸡和香菇为佐料，下锅焖煮半天，待筋烂肉离骨时再上笼蒸透，加蛋清等料，浇汁即可食用。

　　我忙解嘲似的说，李老原先的笔名叫"沙驼铃"，对骆驼太有感情了，怎么可以吃骆驼的肉甚至是骆驼蹄子上的肉呢？这恐怕是肉骆驼的肉吧！主人在片刻的尴尬之后笑着说，是是是，现在专门有饲养骆驼杀肉吃的。话的意思，李老是听明白了，笑了笑说，那还是骆驼嘛！不过不要影响大伙的胃口。主人也附和说，抱歉，不该上这道菜。相互客气了一番，主人又举杯敬酒，欢迎李老重回塔里木，欢迎一行新朋友。

　　小路介绍说，孙总是地质师出身，是年轻的现代企业家。秦书记是沙漠王，在克拉玛依十七年，在塔里木又是十二年，车队行进在沙漠里，他能知道浮沙有多厚，会不会遇上沙尘暴甚至黑风暴。脸色黝黑、穿牛仔裤的秦书记和小路很熟悉了，他接过小路的话茬说，你净胡吹！

　　接下来，秦书记提了一个问题，说是请教于艺术家们。他说，"文革"前有一部歌剧叫《红霞》，主题歌是"送红军，上北方……"。他用淳厚的男低音唱了几句，动情地说，这么好的歌剧为什么没有再上演？我说，电视上演过片段。他说，没有，是不是牵扯到什么人，一直没平反？我说，这种情况早已不存在了，它可能是没有再上演的机会。他坚持说，你们回去给我问问。他可能是自幼年就爱唱《红霞》的歌，这歌声在他心里埋了几十年，成了他的一个难以放下的情结。

　　我想，当他在渺茫的大沙漠中，倚着油井唱起这支歌的时候，该是一幅什么样的情形？小路说，秦书记很有性格，要是演

电视剧,绝对是一个硬汉子演员。现在的女孩子,就喜欢他这样的男子汉形象。秦书记说,你看,又瞎吹不是?饭后,李老和秦书记站在院子里聊天,他们好像有说不完的话。

我想到了大唐高僧,想到了那个日本的少年英雄橘瑞超,他们在这片大漠里是如何跋涉的。唐代边塞诗人可以吟诗,日本僧人可以诵经,当代的"沙老虎""油老大"在这大漠里唱《红霞》,他们用各自不同的方式征服大自然,驯服大漠瀚海。

这里是塔里木油田指挥部所在地,在180公里方圆的沙漠戈壁上,有他们统领的正在酣战的千军万马和呼啸的油气巨龙。

沙漠油井

从轮台望葱岭

库尔勒与西安的时差约两小时,八点钟天微微亮,九点钟日出,人们在十点钟才开始上班。我们一行坐了便于在沙漠中行走的"牛头"面包车,在晨光中向南边的塔克拉玛干行进。

塔里木盆地,处于塔克拉玛干大沙漠的北部。出库尔勒城不远,又见无边无际的盐碱滩,白茫茫一片,像经久不化的积雪,在质地上又恰似白银世界。偶尔有一处水草地,坚韧的芦草像是在孤独地张扬着生命的绿色。

向西行是轮台,这个地名需要注明:眼前的轮台是汉代的轮台,另一个轮台是天山以北的唐代的轮台,在乌鲁木齐附近。

一般来说,唐诗中凡提到轮台,大多都是指唐轮台。岑参的名句"北风卷地百草折,胡天八月即飞雪。忽如一夜春风来,千树万树梨花开",写的就是轮台奇异的雪景。"轮台风物异,地是古单于。""轮台万里地,无事历三年。""轮台东门送君去,去时雪满天山路。""何处轮台声怨?"轮台,逐渐成了边塞的代名词。到了宋朝,陆游躺在绍兴老家的村庄里,也吟咏"尚思为国戍轮台",梦想乘着铁骑踏过冰河向西北挺进。

除唐轮台外,汉代还有一个轮台,它是当时的西域三十六国之一,其故址在南疆的轮台县以南,也就是我们此时脚步所在的

地方。

西汉的张骞两次出使西域,到了伊犁河畔的乌孙国,用金帛换回了骏马。武帝视乌孙马为天马,"乌孙归去不称王",称臣于汉,联合抗击匈奴。之后乌孙王以良马千匹为聘礼,换回了汉廷江都王的女儿刘细君为妻。乌孙马和大宛马大量输入汉朝,换回茶叶和丝绸,即所谓的茶马贸易。大宛马汗色如血,故名汗血马。起先汉武帝想用千金换回汗血马,大宛王不依,还杀了汉使,劫了财物。武帝大怒,派李广利前去讨伐,先攻下轮台,历经四载终是攻克大宛城,杀了大宛王,得到了大量汗血马回到长安。武帝喜新厌旧,称大宛马为天马,乌孙马只好易为西极马了。于是,也引出了无数"马诗",李白、杜甫、李贺都写过不少。由此,又引出了马球和马球诗若干。如果搁在现在,无疑又会闹出"马文化""球文化"了。

汉代烽火台

由轮台向西是库车,是历史上有名的龟兹所在地。西汉初年,西域有三十六个小国,分布在丝路的南北线路上。以城为国,小的国家只有几千人,拥有最多人口八万人的龟兹是大国。自张骞通西域后,中原与西域使臣往来频繁。汉宣帝时,在轮台东北的乌垒城设西域都护,管辖西域诸国。王莽时,西域交通断绝,匈奴猖獗。到东汉明帝时,命窦固北击匈奴,班超为假司马,后因战功卓著,班超又带了三十六人出使西域南道。

班超先后到了今天的若羌、和田、喀什一带,平定了南道。永平十八年,明帝去世,章帝即位后,下令撤回西域屯兵,龟兹、姑墨趁机不断攻击,独留疏勒的班超孤立无援。在接到章帝命他还朝的诏书后,班超回到了于阗,却被痛哭流涕的于阗王侯抱住了马脚,不让他东行,班超只好又返回疏勒。之后,班超率疏勒、于阗等国兵马大败姑墨、莎车,威震西域。

当时的中亚还有一个野心勃勃的强大国家,就是月氏人建立的贵霜帝国。贵霜王遣使来见班超,说要娶汉公主为修好的条件,被班超拒绝了。这月氏人最初居住在敦煌一带,被匈奴击败后西迁到伊犁河流域,在乌孙攻击下又迁到阿姆河上游,张骞曾访问过这里。贵霜部落统一大月氏后,与汉朝关系时好时坏,遇到班超拒绝后,便十分怨恨,遂出兵七万攻击班超,却被兵力甚少的班超击败了。从此,贵霜帝国对汉朝岁奉贡献,不敢有违。

之后龟兹、姑墨皆降,归为西汉领土,班超就任西域都护,驻龟兹境。大破焉耆后,西域遂平,五十余国都遣质子臣属于汉,班超被封为定远侯。班超遣甘英出使大秦,即罗马帝国,虽抵达安息国西境,未到大秦而还,却为拓展丝绸之路开了先河。班超

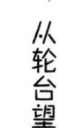

从轮台望葱岭

在西域三十一年，堪称丝绸之路的保护者。

唐朝灭了龟兹国，将安西大都护府设在这里。汉代的烽火台，唐代的龟兹城，今日还残留着不灭的遗迹。

龟兹国都城遗址

晚唐诗人吕敞写过一首《龟兹闻莺》，其中说"人言曾不辨，鸟语却相知"。他虽然听不懂这里人说的话，鸟类细碎的啼鸣却那么的亲切，它们为边塞的树木增添了缤纷的色彩。树木和小鸟，让人感激生活的风景，又可见此地的自然环境是多么寂寥。

玄奘当年在龟兹停留六十多日后，又西行六百余里，穿越小沙碛，抵达禄迦国，即今天的阿克苏，古称姑墨。禄迦国的佛教通行小乘有部，玄奘在这里停留了一宿。接着，向西北行三百里，度过石碛，到达凌山，即今天温宿至伊犁之间的冰达坂。凌山冰峰耸立，陡峭难行，加上寒气逼人，经过七天时间才走出险境。随行者冻死十之三四，牛马更多。然后到达大清池，即今天吉尔吉斯境内的伊塞克湖,沿湖向西北行五百余里,至素叶城,也就是碎叶城。

当时的素叶城为西突厥汗庭,时值夏天,叶护可汗驻牧在这里,殷勤地接待了来自东土大唐的高僧,并请他说法讲经。其人信奉拜火教,玄奘因之施教,讲说十善、爱养物命及波罗蜜多解脱之业,可汗举手叩额,欢喜信受。在素叶城停留数日后,可汗找到一位曾在长安学习过汉语,又通达以西诸国语言的少年,封为摩咄达官,并给诸国写了书信,命其护送玄奘至迦毕试国。临行时,可汗又赠法服绢物,与群臣送别十余里。

唐玄宗天宝十年,也就是公元751年,春天的时候,在安西大都护府任职的岑参,因公务到了龟兹之西的姑墨州。那里有一条小河叫胡芦河,即今天流经阿克苏的托什干河,它是塔里木河的上游支流。报警的烽火台叫苜蓿烽,就耸立在胡芦河边。诗人岑参来到苜蓿峰上向东眺望,心想这里是离长安更远的极西之地了,想到家人,不禁泪湿衣巾。

于是,岑参写了一首诗寄家人:"苜蓿峰边逢立春,胡芦河上泪沾巾。闺中只是空相忆,不见沙场愁杀人。"

由阿克苏向西,是唐朝时的疏勒镇,汉代的大宛国领地,即今天的喀什。唐代疏勒的遗址,在今天喀什之东约三十公里处,附近是一片洼地,尚残留佛塔和寺庙遗址。从那里再向西,就可以通往境外波斯、大食等国了。

而葱岭,就在疏勒与碛南的西边。丝绸之路的南线在疏勒与北线汇合,再往北就是热海和碎叶了。作为唐朝丝绸之路上的要地,热海和碎叶一向被朝廷所看重,曾设立碎叶镇,是受安西大都护府管辖的四镇之一。后来,唐朝廷允许西突厥可汗进

从轮台望葱岭

驻碎叶城，唐碎叶镇迁到了焉耆。为平定叛乱，保护丝绸之路畅通，唐王朝又多次派兵攻打并进驻碎叶和热海一带。

诗人王昌龄写过《从军行》，其中一首写道："胡瓶落膊紫薄汗，碎叶城西秋月团。明敕星驰封宝剑，辞君一夜取楼兰。"

安史之乱后，唐廷将大批守边的军队内调，吐蕃趁机侵入西域。"胡风略地烧连山，碎叶孤城未下关。山头烽子声声叫，知是将军夜猎还。"军情紧急，将军反而狩猎游乐，可见渎职之事古来就不乏其例。

李白在《战城南》一诗中讲到的"今年战，葱河道"，是天宝六年的事，安西节度使高仙芝率步骑军一万人征讨吐蕃，经疏勒登葱岭，行军百余日，一直打到今天伊朗境内的条支国的海边去清洗兵器，在天山盖满白雪的草场上放马。长年征战，驰骋万里，三军将士们都衰老了。匈奴人以杀人为日常之事，就好像我们耕地种田一样。自古以来，边塞上的黄沙中布满了战死者的白骨，秦筑长城，汉修烽火台，战争从未停息过。人死郊野，败马嘶鸣，老鹰食尸，肠挂树梢，这才明白武器、军队并不是什么慈善的东西，圣人用它们是不得已的。

"葱岭"的称谓，早在《汉书·西域记》中就被提到。《水经注》引《西河旧事》道："其山长大，上生葱，故曰葱岭也。"玄奘在《大唐西域记》中称其为"波谜罗"。显然，它是"帕米尔"一名的同音异译。今天通称的帕米尔高原，是天山、喀喇昆仑山和兴都库什山等交会而成的山脉。其东部位于新疆西南端，最高处海拔7700多米，虎踞地球之巅，享有"万山之祖"的美誉。

葱岭，自古是丝绸之路的要冲。历代政府都在这里设有驿站，以保护丝路的畅通。东晋的法显，大唐的玄奘，元初时意大利的马可·波罗,都曾登临其境,写下了流传万代的游记。这里世代居住着塔吉克、柯尔克孜等少数民族,属塔什库尔干塔吉克自治县境地。今天的中巴友谊之路从这里跨过,中国通往亚非拉一些国家的国际航线的班机,也在这万仞高原的上空飞过。

我们途经轮台,在轮南二号井驻足,这里又是一个小小的绿洲。

葱岭

轮南

"闻说轮台路,连年见雪飞。春风曾不到,汉使亦应稀。"我们一行从轮台向南,沿着黛色的公路行进,而周围是茫茫的一望无际的戈壁沙漠。

一百多年前,日本探险家大谷光瑞与渡边哲信、堀贤雄等一行五人,踏上了第一次中亚探险的旅程。渡边和堀贤雄是沿丝路南道进入和田的,他们视险如夷,走入了几年前斯文·赫定差点送了性命的死亡之海,纵向穿过塔克拉玛干大沙漠,到达阿克苏。

几年之后,20岁的野村荣三郎和18岁的橘瑞超来到这里,他们从库尔勒分手,野村沿天山南麓去了喀什,橘瑞超则进入罗布沙漠。橘瑞超几乎是踩着斯坦因和斯文·赫定的脚印前行的,在楼兰古城发现了著名的《李柏文书》,从此名扬天下。又过了两年,橘瑞超再次进入罗布,又经丝路南线的且末穿越塔克拉玛干沙漠,到达库车。

橘瑞超说,他从且末穿越塔克拉玛干大沙漠,是因为他的仆从和爱马以及大行李都在沙漠北边的库车等他。作为一个访古的探险者,知道这大沙漠在千万年前就是大沙漠,并不认为其中曾经存在过繁荣灿烂的文明国家,没有什么一点点的文明碎片可以获取,仅凭上述的理由,便出发了。他准备了充足的冰块、燃料和粮食,让他的骆驼喝足了水,沿车尔臣河向北走去。进入沙漠腹后,他发现这里的沙丘高大,波涛一样,一览千里。他按照指南针指示的方向,走了整整七天,周围的风景没有一丝变化,除了沙丘还是沙丘。甚至走了十几天后,仍没有看到一草一木的绿色,以致那个令人恐怖的"死"字伴随而来。

夜里,听着沙雨击打着帐篷的声音,以为是下雨了,其实不然。20天后,所带的冰没有了,一只骆驼也倒下了,民夫们的绝望达到了顶点。又走了两天,终于发现了一条干涸的河床。它是从前塔里木河流过的地方,尚有一点点的水,却已变质,连牲畜也不能喝。再向北,渐渐发现了带点绿色的树木的影子,又发现了几只野羊,有人的脚印了,便看见人家了。22天后,他们终于从南到北穿越了塔克拉玛干大沙漠。而他所要见到的仆从霍布斯却死在了跋涉的路上。

而我们恰好是逆着渡边和橘瑞超的路线,由北到南穿越塔克拉玛干大沙漠的,且进入的是它的腹地。所幸的是我们并没有一点橘瑞超时代的担忧,现代的交通工具和一切旅途上的供给,都是相对舒适的。我们沿着轮台路,在灿烂的秋阳里前行,在这里沐浴到的却是秋天里的春色。

脚下已是塔里木盆地北边的隆起中段,眼前的二号井是当时的预探井,深度达5221米。1988年在此测试出高产油气流,之后试采,从而掀开了开发塔里木大油田的序幕。所以,它被称为功勋井,是开发塔里木油田的里程碑。石碑旁有小花坛,里边种植的是一蓬骆驼草。生命力在这里有多么珍贵,由此可见一斑。

旁边是轮南油田综合处理厂，纵横交错的管状设施，其功能是进行水、油、气的分离。控制室的高科技设施，可以检测各种工序参数，测视器可以瞭望方圆数里的动态。周围是人迹罕至的不毛之地，脚底却埋下了一颗硕大的现代科技文明的种子，且已萌芽出叶，开花结果。

工作生活在这里的大多是年轻人，毕业于石油院校，从他们青春的面孔和多是戴眼镜的眸子里，可以觉察出朝气、睿智和忠于职守的心情。给我们介绍情况的女书记是一位敏捷沉稳的中年人，她说丈夫还在千里万里之外的大庆，一年见不上一次面，临时的家在几百里外的库尔勒，在这作业区工作一周时间，回去轮休一周，大伙儿都一样。

女书记带我们到了生活区，去看路边的树和花草。这在内地城市或偏僻的山区，都是提不上串的平常事物，在这沙漠中却是一种奇迹。我们进入一座玻璃天穹，阳光在水汽氤氲的一片被隔离的天空中，纺织着彩虹，抚摸着多种北方罕见的珍稀植物。它是主人从温润的大自然中收割来的一片天空和土地，以排解人们对于周围大自然的恐怖和绝望。它是诗，是画，滋补着石油人在周围的大自然中容易干燥的心。

从这儿，我们走入了一座葡萄园，满眼的马奶子葡萄悬挂在叶片泛黄的架上，形成几个布满阴凉的隧道。揩去葡萄上的沙尘，汁甜，无核，糖分很大。主人让我们尽饱吃，但吃不了一串就是满唇的黏液了。女书记说，在这儿，将沙漠改良成土壤是艰难的，但也不是做不到的。沙漠中有了人气，植物才有生机和活力。他们是采油的，对环境的改造是附带的，同时也是很重要的事。人的生存，是离不开绿色陪伴的。

不远处，可以看见油田的火炬高高擎起于广漠的天空中，吐放着血红、金黄、白炽交织的火焰。边塞上的烽火台早已熄灭，取而代之的是这现代的火炬。经请教技术员，知道火炬所燃烧的是来不及处理的天然气。它在我看来，却是一支如椽的大笔，或一面巨大的旗帜，一朵怒放的鲜花，在向远方昭示大地的秘密、沙漠的奇迹和人间的壮举。

这里是知名度很高的轮南油气田首站，有巨大的油罐群，有标示通往各大城市的输气枢纽。一条条大地的血脉，正是从这片表面上荒凉贫瘠的地方开始布满更广阔的世界，给现代城市的人们以温暖舒适的生活。西气东输的世纪伟大工程，是一条长河，这里正是神奇的源头。

沙漠公路

丝绸之路档案

西出长安望葱岭

沙漠公路

　　轮南西气东输首站不远,有另一座现代材料做成的纪念碑,是为沙漠公路而立的。抽象的雕塑形式需要一种艺术联想,普通人只有通过图解才会大概明白艺术家的愿望。碑座上有文字记载:塔里木沙漠公路,全长522公里,是世界上在流动沙漠中修筑的一条最长的等级公路。这里当是沙漠公路的起点。

　　行进在沙漠公路上,满眼是黄澄澄的沙丘。进入一片开阔地带,有胡杨林的胜景,林间的大河无疑是塔里木河了。有了河流和绿树,就有了人烟。这里是地图上标示的肖塘,有一个村子的规模。棉田里正在收获,高耸的棉堆像一幢幢建筑。路边就是瓜田,维族老人、妇女和孩子守在瓜摊旁,硕大的哈密瓜一元一颗,又香又甜又黏,我们一行七八个人没吃完两个。路边壕沟里倒满了

沙漠公路纪念碑

腐烂的哈密瓜，是廉价也是奢侈。怪不得司机将车上的几串从轮南带来的葡萄弃之如屣履，我当时在心里还抱怨过他的不无善意的慷慨呢！贫乏与富有，到了一个地方得说一个地方的话。

刚刚在叹息大漠的干燥、胡杨的枯死，眼下却说前边的公路被洪水冲断了，得沿着临时浮桥排队过河，人也要下车步行通过。走在晃晃悠悠的浮桥上，看见一辆面包车早已陷入水里。这里几乎常年无雨，哪来的洪水？是游移不羁的塔里木河的某条支流改变流向，在平坦的大漠上漫游放荡，如同不速之客光临这里。是该庆幸呢，还是该自认倒霉？在沙漠的世界里遇到一片汪洋水域，心里总是湿润的。

再往大漠深处行驶，水和绿色退却了，几乎一切生物都不知哪儿去了，高高低低的沙丘在变幻着异样又似乎同样的形状。天空没有一丝云彩，坦然地对映着毫无表情的广漠。

古人吟咏道："黄沙碛里客行迷，四望云天直下低。为言地尽天还尽，行到安西更向西。"说这些蜂窝状、鱼鳞状的沙垄、沙山之中，潜伏着险恶的魔鬼。事实上，塔克拉玛干沙漠的严酷程度，在地球上是找不到第二个的。所谓的内陆距离海洋最远，气候最干旱，植被最少，沙丘类型最复杂，流动性最强，流动沙面积最大，流沙层最厚，沙粒最细，堪称世界八大之最。

塔里木盆地，在远古时代曾经是汪洋一片的古海。这里也曾经有温暖潮湿的亚热带气候，有森林、水域、陆地，多类动植物在此栖息，尤其是巨大的恐龙高傲地在动物世界里游荡。之后的造山运动，抬升了古海，驱走了水域，埋葬了动植物，冰山的消融冲刷着山体的剥蚀物，戈壁沙漠便形成了。

塔克拉玛干大沙漠，成了自古以来的生命禁区。从汉代开

沙漠公路

始，曾有五条穿越塔克拉玛干大沙漠的道路，一是经由若羌、且末、精绝、扜弥、于阗及莎车的丝绸之路南道，二是连接姑墨与于阗的和田河古道，三是从坎城经玛扎塔格古戍堡到疏勒的道路，四是焉耆至于阗道，五是扜弥至龟兹的古道。这五条穿越大沙漠的古道，除和田河古道因有河水相伴，仍有人涉足外，其余几条古道早已被埋没在漫无边际的沙漠中了。落后的生产力是难以抵挡大风沙的，多少年来，塔克拉玛干终是没有畅通的路可走。

1917年，新疆督办曾计划修一条从和田到库车的公路，却只是美梦一场。上个世纪40年代，当地政府曾在大沙漠的南缘筑路，采用铺压树枝和芦苇的方法作为路基，但经不住车辆碾压和风沙侵蚀，沙漠道路千疮百孔，终被风沙阻隔。上世纪50年代后，在沙漠南缘修筑砾石路，或铺熟砖路面，也难抵挡碱层翻浆，沙漠段仍是难以畅通。骆驼、牛马、毛驴，是主要的交通运输工具。

到了1995年，终于修成了这条穿越南北塔克拉玛干的沙漠公路，有着开天辟地之功。

比起历史上的无数先行者，我们所幸有眼前的黛色公路，它笔直地伸向远处，伸向塔克拉玛干的腹地，像一支射出的利箭不会回头。路边的隔离带很宽，栽培着和尚百纳衣似的畦状干芦草，像千军万马执戟而立，抵御着流沙的侵袭。防线有沙漠侵蚀的残垣，有极个别的芦草奇迹般复活，向强大无比的敌营举起了冲锋的绿色小旗子。护卫在公路两侧的隔离带，在风沙甚至沙暴的进逼中，一直伴随着人类黛色的供给线指向大漠的心脏。

这让人想到秦驰道、长城、运河等古代的创造物，在大自然

防沙工程

的胸部写下的其实是一个"人"字。人类在沙漠的领土上画了一条500多公里长的丝线,再布下一道天罗地网,来开掘现代生命的火种,这是前所未有的伟大创举。

这当是塔克拉玛干大沙漠的现代新景观。

图伦碛

我们已经涉入了唐朝丝路图上的图伦碛,也就是塔克拉玛干大沙漠的腹地。

塔克拉玛干,是当地语"进去出不来"或"被遗弃的地方"的意思。远古时候的那一片古海,汪洋波涛,茂盛林木,高傲地在动物世界里漫游的恐龙,都已化为千古的童话。沧海桑田,波浪般起伏的沙丘,是旧梦的复现,可惜是凝固了的死亡的风景。

丝绸之路南、北两线之间,这大片大片的沙漠就是唐朝的图伦碛。它东临今天的罗布泊的蒲昌海,西达疏勒绿洲,比日本的总面积小不了多少。图伦碛的可怕处,一是极端干旱缺水,二是风卷流沙,终年不止。

图伦碛的东端是蒲昌海,有古楼兰的遗址。在蒲昌海与阳关之间,是一片砾石遍地的戈壁滩,地面上有几十米高的方山、土柱和岩塔,沟谷中堆积着流沙,因情形弯曲如龙,故被称为白龙堆。这里是丝绸之路的必经之地,当时的情形就像诗人常建所说的:"北海阴风动地来,明君祠上望龙堆。髑髅皆是长城卒,日暮沙场飞作灰。"

诗人岑参途经图伦碛时,看到艰难的道路上荒无人烟的悲凉景色,写过一首《碛中作》:"走马西来欲到天,辞家见月两回圆。今夜不知宿何处,平沙万里绝人烟。"

在西行的路上,诗人岑参偶然遇到了返回长安的使者,不禁欣喜,遂吟咏道:"故园东望路漫漫,双袖龙钟泪不干。马上相逢无纸笔,凭君传语报平安。"

古往今来,有多少商旅、僧侣、探险者,包括勘探者,葬身于这无边无际的茫茫大沙漠之中,偶尔可以见到的人马残骸在诉说着大漠的险恶。一百年前,瑞典探险家斯文·赫定等冒险闯入这片沙海,死里逃生,是他们的幸运。

血肉之躯的人在沙海里是脆弱的。在车上,同行的小路说,他忘记在哪儿看到一个故事,说一个戈壁中的监狱里有个犯人,为逃走费尽心机,最终备好了一车南瓜,一边走一边用南瓜充饥,若干天后走出了戈壁滩,却又选择自首回到了监狱。为什么?鬼才知道。他是在离开人群后孤零零地与大戈壁滩搏斗,求生的欲望,人世的奔波,在临近生死边缘时他已经想透了,原来人的生命是多么脆弱!

大沙漠

摄影师小惠在陕北沙漠上种过树,他说他种的是杏树,猜想打了井,平了沙,小树苗子老高了,可以发大财了,谁料到地上有兔子,地下有跳鼠,几天时间把若干倾杏树苗给吃光了。他把在陕北地底下打石油赚的钱,又原封不动地交给了陕北的沙漠。他是陕北人,陕北老革命的父辈开过荒、烧过木炭,他又猜想是在给老家还债,他是多么渴望让家乡的沙漠变成绿洲!

可见,沙漠是神秘的,人与沙漠的关系是复杂的,行进在流沙中的世界上最长的公路上,让人想到的是些什么呢?

日落时分,我们沿沙漠公路走到了塔克拉玛干的腹地。擎入天穹的熊熊火炬在招手,塔中油田作业区的灯火在眨眼睛,这方圆数百里广漠天地中的明珠一下子擦亮了旅人的目光。

高悬的明月似乎在说,你仍然没有走出月光下的人间。

和田旧城门

大漠腹地

昨晚，穿越数百里没有生命迹象的沙漠，终于抵达这片邮票一般大小的绿洲，是十分惊喜的。同时也想到，在大自然面前，在茫茫的大漠瀚海里，生命，人，是太渺小了，太微不足道了。但也正是人，以巨大的能量改造着这里的一切。从古至今，一直不乏勇敢的男儿，义无反顾地走入"死亡之海"，创造着奇迹，让后人神往。

塔里木盆地，一直被世界注目的一个重要原因，是这里埋藏着丰富的佛教历史遗产，它是人类文明的地下资料宝库。到了二十至二十一世纪，这里发现了人类所急需的能源宝藏。塔克拉玛干，这块昔日商旅不绝于途，如今人烟罕至的大漠，既充满了奇异辉煌的古老文明，又开始了雄壮伟丽的现代文明，磁石般吸引着今天的探险者、开拓者和观光旅游的人们。

位于塔克拉玛干腹地的"塔中四"，比起古往今来的瀚海故事都要精彩得多。它是一朵沙漠中的花朵，但很少有人知道它的盛开。在浩瀚的大沙漠中满载而归的，当数今天的这一群年轻人。

临近塔中作业区，公路边由干芦草结成的隔离带变成了绿化带，婆娑的沙柳在静静吸吮着滴灌的奶汁。水源在深不可测的沙海底层,水真是比油还贵呢!也有年轻男女在路边漫步,在这生命禁区播种爱情。除了联合站的现代设施外,作业区的公寓楼在城市里也不会显得落伍。

塔中路

　　塔中作业区有不到一百人,绝大多数都是大专毕业生,是一个属于年轻人的世界。灯光球场上,有男男女女在打排球、篮球、乒乓球,其生龙活虎和婀娜多姿,让你误以为进入了大学校园。

　　年轻的经理说,他已经在这里干了八年,每半个月回库尔勒轮休一次。这里每年三至九月为风沙期,整个是昏天黑地,难见日朗风清。眼下是黄金季节,像过年似的。这里的通讯、电视接收条件良好,生活后勤供给完全靠库尔勒大本营。如今采油现代化,体力上的劳累减轻了,但在野外作业总有不断排除心理障碍的过程。他们的工作服是橘红色的,鲜艳夺目,据说是一种警示的颜色,以免在沙漠中失踪后难以找到搜救目标。

　　夜宿塔中,室内和作业区的情景,让人感觉不到是身临大漠的死亡禁区,而像是在都市酒店一样。细想想,方圆千里的大沙漠里是没有多少个人的,我们下榻的地方无异于月球上的观测站。月光明媚地照着这广漠的沙海,塔中这一绿色的小点,有百十个旺盛的生命正在进入梦乡。沙老虎也在酣睡,即使它们醒来,继而开始长久不息的肆虐,人们也是不可战胜的。

清晨,我起来得早,拉开白色的窗帘,伏在窗口静静地观察着周围的情景。对面沙丘上,一片明丽而迷蒙的光亮,渐渐由白变粉变红,露出了太阳新鲜的面孔。有如美女体态的沙丘,柔和安谧,在光线下呈现出湿漉漉的淡

大沙漠

绿色。随着光线变得炽热,像有一只无形的手,不动声色地剥离着它浅黄到紫褐色的霓裳。背向阳光的一面是微暗的,如波谷浪山,伸展到远处去。靠近地平线的天际呈灰白色,高远的天空一派瓦蓝。云彩一丝一缕似有似无,显得有点吝啬。空气清新,甚至于有些凛冽。庭院中的绿树静若处子,一动也不动。周围的一切都像是屏住了呼吸,在分娩新的一天。

渐渐听到了脚步声,紧接着是发动汽车的声音。着橘红色工衣的青年男女匆匆走过院落,有的手里拿着纸张,像忙碌的现代办公大厅的情景。服务员开始拖地,揩栏杆,浇花草,哼着流行歌曲。三三两两的工具车出发了,或是去处理厂,或是去采油站。

这里没有老人和孩子,是一个青春的家园。他们没有肥胖的忧虑者,也许是沙漠蒸发了人体的脂肪和过剩的营养,一个个都显得精瘦而健壮。

橘瑞超

丝绸之路档案

西出长安望葱岭

我信步走到塔中油田公寓的大堂上，看温度计不过二十度，不热也不凉，气温很宜人。出门望着平静的沙漠，真难以想象沙尘暴、龙卷风甚至于黑风暴究竟是一幅怎样的情景。

这让人想起一百年前的丝路探险者斯文·赫定、斯坦因、伯希和，还有大谷光瑞，尤其是那个日本少年橘瑞超。

年仅十八岁的橘瑞超，是在1909年2月从日本出发，穿越戈壁沙漠来到库尔勒的。他向南进入罗布沙漠，在楼兰故城发现了《李柏文书》。他的这次中国之行，不仅表现了对艰苦环境的耐力和承受力，也为他以后的探险积累了经验。次年，橘瑞超从伦敦出发，开始了他的第二次中亚探险。他因橘瑞超生得眉清目秀，加之体格瘦小，看上去比实际年龄要小得多。为避免主仆不分，他雇用的仆从都比自己的年龄小。他与十八岁的英国少年霍布斯、十七岁的俄罗斯男孩一起，第二次入中亚探险。这支童子军是去作夏令营旅行的吗？

他取道西伯利亚经塔城到达吐鲁番后，又再次南下罗布沙漠，到达了一个全无前人路过的处女地，又探察了罗布旧城。又经且末穿过塔克拉玛干大沙漠，到达库车。继之，他从喀什到和田一带调查，为了探察前人未到的地方，他不顾性命地登上了阿尔金山脉,闯入西藏高原。这一次,行李全部丢弃,濒临绝境,他完全靠着坚定不移的宗教信仰和献身精神的支撑,硬是推开了死神的拥抱,终于脱离险境到达和田。

在此期间,由于长期得不到他的消息,大谷光瑞另派吉川前来打探情况。这时候,从西藏探险归来的橘瑞超,经且末,又穿过罗布沙漠,终于抵达敦煌,与等了他四个多月的吉川会合后,脱去了维族袷袢,换上两年未上身的西装,结束了五年的探险生活,一起回到日本。

当初,渡边沿和田北上,穿越塔克拉玛干沙漠到达阿克苏,是追随斯文·赫定的脚步的,结果用了二十二天。橘瑞超也是用了二十二天,从且末穿大漠到达塔里木河边。

橘瑞超在探险笔记中说:我所通过的罗布沙漠、塔克拉玛干沙漠,一到夏天风非常大。连当地人都害怕的黑风暴一旦刮起,细细的沙子就像水一样可以流动,什么东西都能被它埋住。骆驼这种动物,可以在近两周时间内一滴水不喝,一点东西不吃,可以驮相当重的东西行走。骆驼有的一次能喝五六桶水,有的能喝十桶以上的水,眼看着它的毛皮像蚂蟥吸足了血那样膨胀起来,这时它浑身的勇气也被鼓动起来,几乎要把地跺响似的。沙漠上没有遮挡的东西,日光像火一样直射在沙地上,沙漠被烧烫,动物均无法忍受。那是最单调不过的,五天七天甚至十天十五天,风景没有丝毫变化。沙丘简直像直伏于大洋中的巨涛一样,一览千里,无规则地排列着。除了沙之外,偶尔刮一点微风,有一点云而已,确实是难以想象的情景。塔克拉玛干沙漠占据了中亚面积的大部分,这在地图上也是一目了然的事实。沙漠是文明的坟墓,这与罗布沙漠的情况很贴切。

丝绸之路档案

西出长安望葱岭

当他横穿大漠成功,骑在骆驼背上,听民夫们解释在前边沙上发现脚印是男人的还是女人的、从何处来、到哪里去的情景时,觉得有趣又好笑。他们发现了芦苇中结着的冰,明白已经进入塔里木河流域了。时节已是春季,要渡过塔里木河,不知河上的冰能否经得住人和骆驼的重量。当拨开芦苇试图从冰上通过时,发现了一群不怕人的羊,有黑毛的,有白毛的。有羊就有放羊人,等他们看见放羊人时,那人影子却躲进了芦苇丛中。放羊人被叫出来,一搭话,是一口的突厥语。到了村子,见当地人是用树枝做骨架,用芦苇盖顶造房子的,一共有七八间之多。他们在这里住了一宿,才知道村子里的人是一些罗布人,是沿着塔里木河迁居到这一带来的。

我们也在这被叫做"塔中市"的塔中四号油田住了一宿,比起一百年前到这一带探险的少年英雄橘瑞超阔气多了。从地理上说,在这小小绿洲周围,只是星星点点的油田小站,除此之外,方圆数百公里是不会有什么生命的踪影的。橘瑞超所经过的村子,也许在几百里外的塔里木河流域。这里才是塔克拉干的腹地。

如今在这里,纵横于地底下的输油管道是沙漠的血脉,而正是从这古老荒凉地方的地心深处,向现代社会的人们涌流着源源不断的乳汁。

漠南

"塔中四"小小绿洲周围的大漠,该是几千年几万年都不曾见过人的足迹,他们无疑是向大自然的这块处女地挑战的前卫。瞧见这些由一人多高的大轮胎构成的沙漠车,像坦克,又像推土机,在沙丘上急速前行,腾起了漫天风沙,就会感觉到现代人类面对沙漠的威猛和力量。

在塔克拉玛干南部,从东到西弯弯曲曲横着的是古丝路的南线。若羌古称石城镇,且末古称播仙镇,和田古称于阗镇,叶城古称碛南州,一字排开,雄踞在风沙漫无边际的南丝路上。

有名的伊循城、提英木城、尼雅、丹丹威里克等远古城镇,是由于千百年来狂风吹动流沙,逐渐堵塞了道路,埋没了房屋,迫使人们放弃的。更主要的是因为连绵的战事毁坏了农田灌溉设施,没有了渠水,所有植物都不能生长,极度的干旱迫使人们离开了家园,逃往他乡。再则是气候的变化,雪线升高,水源减少,河水断流,沙漠重新吞没了绿洲。

公元前77年,楼兰国为躲避匈奴的威胁,将都城迁到了伊循城,并改国名为鄯善。到了东汉时,它已经成为西域的一个强盛的小国。到了唐代后期,这里被吐蕃所侵占。

伊循城的遗址,在今天的若羌县东北的米兰一带。在唐代

时,这一带为石城镇管辖,出了阳关,沿丝绸之路南线西行六百多公里即可到达。

尼雅古城,是汉晋时期的精绝国都故址,位于今天的民丰县正北一百二十多公里处的大漠深处。南北长二十五公里,东西宽七公里,三面环绕着高大的金字塔形沙山,在南部地势低洼处,散居过七个

尼雅遗址

群落。有以土筑佛塔为中心的两百多处建筑遗址、佛寺、墓地和干枯了的农田、水塘、树林遗迹。出土过大量的木器、铜铁器、陶器、石器和玻璃、皮革、毛棉织品、丝织品,还有东汉的五铢钱币,大批书写着佉卢文、于阗文和汉文的木简木牍,以及干尸、随葬品等重要文物。

尼雅遗址的发现是在一百多年前,英籍匈牙利人斯坦因首次来到这里,收集了大量的古代文书和珍贵文物,一举震动了当时的学术界。之后,美国人亨廷顿、日本人橘瑞超先后来到这里,当年的绿洲王国成了今天的沙漠废墟,给人留下了无尽的悬念和谜团。世纪之交,中日学者经过八年九进尼雅故地调查挖掘,终于出版了关于尼雅遗址的学术报告书,丝绸之路上的精绝国的风采重现于世,在世界上引起了轰动。尼雅河,曾经给精绝国人带来文明,这文明随之被风沙摧毁,国民远走高飞。它的兴衰之谜,无疑成了构筑现代文明的先辙之鉴。

由石城镇西行约三百公里,就可以抵达唐时的播仙镇,即今

天的且末县。唐玄宗天宝年间的播仙镇一战,吐蕃惨败,捷报飞向长安。雨湿旌旗,鼓角齐鸣,空鞍的马匹四散,月光照耀着营帐,是怎样一幅悲壮的场景呢?

再向西行约六百公里是于阗镇,它是唐朝著名的安西四镇之一。玉龙喀什河和喀拉喀什河河水,养育了这一块美丽的绿洲。这里不仅盛产瓜果、牛羊和粮食,它的美玉更是闻名古今。

遗迹

早在隋代,就有无名诗人写过一首《于阗采花》的诗:"山川虽异所,草木尚同春。亦如溱洧地,自有采花人。"溱水和洧水,在今天的河南密县境内,春秋时代属于郑国。《诗经·郑风》《溱洧》篇说,三月初三,郑国的青年男女在溱、洧两条河边游春,并且采摘芍药花赠送对方。这里虽处于边地,习俗同内地没有区别,一样草木滋长,百花争艳。

《千字文》有"金生丽水,玉出昆冈",昆冈玉就是于阗玉。玉有绀、黄、碧、玄、白数色,为"白玉之精"。传说周穆王巡游昆仑,曾经"攻其玉石,取玉版三乘,载玉万只"。

唐贞观六年,于阗国"遣使献玉带,太宗优诏答之"。明代出版的《天工开物》"珠玉卷"中,对于阗玉即和田玉的历史、特点、开采方法等,都作过生动的综述。清代纪晓岚写过一首诗:"玉似羊脂温且腴,昆冈气脉本来殊。六城人拥双河畔,入水非求径寸珠。"

汉武帝的哥哥刘胜夫妻死后,是穿了金缕玉衣下葬的,在河北陵山出土后发现,玉衣的软玉原料是于阗玉。金缕玉衣由两千多块小玉片组成,每片玉的四角有小孔,穿以金丝连缀在一起。制作一件玉衣,据说要一个熟练玉工花去十年以上的功夫。玉衣是汉代皇帝和贵族的葬服,当时人们很迷信它,以为尸体穿上玉衣后永远不会腐烂。

玉石长在河流之源的昆仑雪线以上,在于阗的玉龙喀什河、喀拉喀什河(即意为白玉河、黑玉河)及叶尔羌河上游。由于原生玉坚硬难采,加之运输又困难,主要采集每年由冰川和洪水冲击下来的大大小小软玉砾石。自古有这样的说法:夜里视月光盛处,妇女和女孩下水,可以采得美玉。

于阗玉的颜色丰富,以纯白而又细腻的羊脂玉最为名贵,常用以雕琢成精美的工艺品。汉代时,从西域大量输入玉石,玉门关,就是以输出玉石得名的。在清代嘉庆年间,于阗进贡皇宫三块大软玉,最大的一块有两万三千多斤,因运输过于困难而未成行,"日行五里七八里,四轮生角千人扶",是不容易的事。

玄奘在《大唐西域记》里说,于阗国为了探得养蚕的秘密,费了不少心机。古代于阗有一个瞿萨旦那国,当时不懂得种桑养蚕,听说东国人有桑蚕,就派使者去求,可当时的东国严守秘密,禁止蚕种桑苗出口。于是,瞿萨旦那国国王想了一个办法,去向东国的公主求婚,正好东国国王想向西域一带扩张,就同意了。东国公主启程时,迎接的使臣对她说,本国没有丝,请公主设法带些蚕种去,以便养蚕取丝给她做衣服。公主听后,就弄了一些蚕子,藏在自己的帽子里,躲过了东国边境的搜查,将蚕种带到了于阗。从此,于阗有了蚕,并且在瞿萨旦那王城东南五六里处的鹿射建立寺院,供奉最早的蚕种。玄奘赴印度经过这里时,曾经参谒了这座寺院,并见到几株古老的枯桑。

唐代丝绸

　　古代时东方的丝绸之所以经过漫长艰难的丝绸之路运到遥远的罗马、伊朗、土耳其等地,原因是这里没有桑蚕,其价格比等重的黄金还要贵。为了垄断丝绸业,中国和一些西域小国严禁蚕种出口是可想而知的。

　　今天的古于阗,有和田玉雕厂,新产品包括人物、鸟兽、鱼虫、花卉、瓶素等多种工艺品。装饰佩件和陈饰小品,如鸡心、串珠、项链、棋类、戒指和夜光杯等,为游客所青睐。大型的玉雕工艺品更是供不应求。

　　从于阗镇向西北行约五百公里,途经今天的叶城即古碛南州,就到了丝绸之路南线与北线在西端的会合处和疏勒镇,即今天的喀什。

眼前的沙漠公路是斜着横穿塔克拉玛干的,到了塔一、塔四石油作业区后,据说已由地方上将其与南边的且末连接。有一条路是通国道的,中间的分岔可以抵达众多油田井位。

在我们歇息的塔里木河大桥旁,是一处小小的驿站,有吃的住的玩的。从"豪华拌面"到美发按摩等招牌看,这里已经步入时尚了社会。有烤全羊,有馕,有抓饭,有拉条子,有四川菜,任你选用。文明城市化的进入,同时带来了文明的垃圾。当然,苍蝇一类东西的兴盛,又去埋怨谁呢?

尼雅

塔里木河边

回程路过塔里木河边,我们驻足歇息,身边是大片大片壮美而悲怆的胡杨林。

塔里木河,蜿蜒于分地的边缘,干流长约1000公里。如果加上上源支流叶尔羌河的流域,全长达2400多公里。中国的内陆河,没有哪一条的长度可以与塔里木河相比。

沙漠中的河流

在古突厥语中,"塔里木"一词意为"注入湖泊、沙漠的河水支流"。在现代维吾尔语中,意为"田地、种田"。史册文献中,称其为"戍水""葱岭河"。《汉书·西域传》中说"南北有大山,中央有河",指的就是这条大河。

在历史上,塔里木盆地的大部分河流都汇入了塔里木河。以后由于上游地区农业的发展,许多小河的河水被人们截流,引入了灌溉的田地。现在,只有阿克苏河、叶尔羌河、和田河这三条河流才能流入塔里木河。因此,从上游至下游的塔里木河水流不断减少。过去,这条河道有余水,一直注入罗布泊和台特马湖,现在它的终点站只能是铁干里克附近的大西海子水库。而罗布泊和台特马湖早已完全失去河水的补充,变成了干涸的湖盆。

在塔里木河两岸的荒漠上,由于有山洪补给,地下水位也较高,因而适宜植物生长,形成稠密的植被,有利于垦植耕种。几十个大型国营农场,成了南疆新兴的粮食、棉花、桑蚕和瓜果生产基地。

眼前的塔里木河,河水粗看是清澈的,其实水流里有细沙,秋风从水面上滑过,印着绫缎似的波纹。站在大桥旁的河岸上,向上下游可以望去十数里,阳光下倒映着清静的天穹。掩在树林背后的支流,因某种光线的角度呈现出湛蓝色,辨不清流水的来龙去脉。

胡杨是新疆古老的珍贵树种之一,在古籍文献中称为胡桐或梧桐。维吾尔语称胡杨为"托克拉克",是美丽的树的意思。它有着惊人的抗干旱、御风沙、耐盐碱的能力,生存繁衍于沙漠之中,有"沙漠英雄树"的美誉。它是天然成林的,在塔里木河上下游沿岸,在塔克拉玛干大沙漠的边缘,到处都可以见到胡杨的身影。此外,在北疆许多地方,也有大片大片的胡杨林。

胡杨

清代一位诗人写过一首《胡桐行》的诗:"君不见额琳之北古道旁,胡桐万树连天长。交柯接叶万灵藏,掀天踣地分低昂。矮如龙蛇剡变化,蹲如熊虎踞高岗,嬉如神狐掉九尾,狞如药叉牙爪张。"成年胡杨一般高十多米,树干粗大,足够数人合抱。树皮纵裂,呈灰白色或褐色,树冠阔圆如伞,呈灰绿色。雄踞于大漠之中,有一种奇崛之气。

胡杨之奇,还在于它起源古老,它的祖先可以追溯到一亿万年前的上白垩纪。到了中新世,胡杨的家族到达了天山盆地。上新世的胡杨化石,曾经在 1935 年从库车千佛洞被发现,敦煌和藏东北也发现过胡杨的化石,其形态与我们今天看到的胡杨毫无差别。

胡杨的另一个奇特处,是它的叶形是随着阶段发育而变化

的。我仔细瞅着长在不同部位的颜色深浅不一的叶片，发现它的苗期叶子细长如线，稍幼的树干上的叶子变成柳叶状，成年树龄的叶子形状如扇，有点像银杏。

它的抗碱性也是很有名的。胡杨忍受着盐碱，把盐碱吸收到了体内，一部分贮藏着，一部分通过枯枝败叶还给土壤，另一部分则通过树皮裂缝外溢，形成白色或淡黄色的结晶，《本草纲目》称之为胡杨泪，也就是胡杨碱，可入药，也可制成肥皂。这种通过植物体搬运盐分的功能，是胡杨生态学上的一个奇特的现象。从而，生长在大漠戈壁上，维持着这里的生态平衡，给人以生命期望。

我告别一棵流泪水的老胡杨树，向一片大小不一的胡杨林走去。眼前的这种天然植物，在咫尺之间，就浓缩或叫珍藏了千古的生命现象。有一棵棵峥嵘的古树桩稀稀落落地出现在眼前。有的已完全枯死，有的是枯木逢春，有的正葱茏茂盛，实在是大漠中的奇观。闻名遐迩的胡杨，被人们认为一千年不死，死后一千年不倒，倒后一千年不朽。有的竖立着，有的横陈在地上，有的朽如泥土。路边的一棵巨木，树冠蔽日，从枝干处淌着血一样红的泪液，染红了土地。小胡杨细嫩柔软，是群木的子孙，似乎是刚刚上路，前仆后继地奔向遥远的历史进程。

或流于地表或潜于地下的塔里木河，以它的主流或支流或毛细血管，在不确定的游移中滋养着或遗弃着胡杨的群落。胡杨们追逐母亲乳汁的足迹，形成了枯荣兴衰的命运，在茫茫大漠上勾画出了龙蛇般缠绵的图景。从几搂粗的枯木，到细如手指的小苗，是怎样的一个时间概念？我忽然发现幼年胡杨的叶子在干部形如柳叶，冠部的则像是不规则的银杏叶的奇特情景。

近水边的胡杨树是葱绿的,远处沙漠中的则呈现出一派金黄色。所谓生而不死的树冠蓊郁,死而不倒的枯枝像是龙爪伸向天空,倒而不朽的坦然伏卧,坚硬如铁,朽了的用手一扳一大块,松软如同泥土。千年万载完成了一棵树的生死轮回,是一部漫长而又短促的史诗。无疑,胡杨的枯荣,与脚下时长时落游移不定的或流于地表或潜于地下的塔里木河有关。

空旷处有骆驼草,幼嫩得可以用手轻轻捏出苦苦的鲜汁,花絮也能挤出黏黏的水来。老的叫成骆驼刺,抓一把,又如若干纤细的利箭射入掌心,热辣辣的疼痛难忍。而沙柳贴着地皮生长,与沙子争高低,一年又一年,在周围形成形状各异的沙团沙丘,一坨坨的,大的像古墓,小的如抔土。有芦苇长出穗花,稀疏的高高的摇晃在河滩上。

塔里木河边

鸟类中似乎只看见乌鸦和扇动着羽翼的无名小鸟,数得清的几只,在辽阔的林梢间掠过。正走在塔里木河边上,听见同行的小惠在前面草丛里惊叫了一声,喊着让我赶快过去帮忙。我发怵了:是蛇咬住他了?近前一看,他正用脚踩住一只大鸟,让我去抓。我看见这只大鸟已经没有挣扎的迹象,奄奄一息了。我说,这是鹰,雄鹰,辽阔大漠上的神鸟。几天来,我们第一次看见雄鹰,却是一只死的。它的傲慢和机警,它的搏风击云,以及写在翅膀上的阳光,都已经成为历史。它是中了猎人的枪弹而死的?这里哪会有什么猎手呢?

对了,不远处是一个驿站集市,那里有饭馆和瓜果摊,河滩里的垃圾堆肮脏不堪,恐怕这只鹰是误食了有毒的腐烂食物而毙命的。它的种族熟悉大自然,却并不了解人类所制造的鼠药一类物质的性能,它作为牺牲品会带给同类进化上的教益,只能

121

是这样了。这时,一阵鸣叫声从空中传来,是失去伴侣的另一只鹰在哀鸣。它盘旋着,俯瞰着,等赶走了我们,又掠过宽阔的塔里木河上空,向远处飞去。

因为这像河又像湖的辽阔水域,在塔克拉玛干北部的塔里木盆地境内,勾画出了一条优美的绿色长廊。

作者在塔里木河边

博斯腾湖

日出天山，开始是一团红晕，继而演变为一片炽白。一枚银币似的太阳从炽热的中心浮了起来，石油小区的人们陆续走出院落，四处繁忙了起来。

身边流淌的孔雀河，在阳光下眨着无数只金色的眼睛。它的水量之所以丰沛，是因为上游有着上千平方公里的博斯腾湖。来库尔勒的路上，我们曾望见一大片芦苇荡，远处是接连天际的波光，那就是博斯腾湖。湖面上有游艇和渔船，一股鱼腥味随风吹来，感觉是来到了大海边，而不是"一川石头大如斗"的塞外戈壁。白茫茫的芦花在飘荡，你能从中想象到"随风满地石乱走"的情景吗？

博斯腾湖，是我国最大的内陆淡水湖，古称西湖、敦薨浦。它位于天山南麓的焉耆盆地，湖水面积 972 平方公里，海拔 1048 米。湖面浩荡，风起时波涛连天，宛若沧海。大湖西侧有许多小湖，湖

博斯腾湖

水相通,芦苇丛密,间有大片的野生莲荷,栖息着多种水鸟。湖区周围一年四季干燥少雨,湖水的主要补给,来源于开都河等河流。博斯腾湖是开都河与孔雀河的中继站,调节径流,稳定水量,起着承上启下的作用。它的功能,一是浇灌,二是渔业,湖中盛产的芦苇也是一大特产。湖中的鱼类,有鲫鱼、鲤鱼、尖嘴鳞鱼、雅罗鱼和长江家鱼等,是新疆两大渔业基地之一。在湖周围的草泽湿地中,有放养的麝鼠和水貂。

唐僧在去西天取经时,称这一带为阿耆尼国,说它的大都城方圆六七里,四面有山作为屏障,道路艰险难行。并说境内泉水溪流交织,水被引来灌溉田地,出产糜子、黍子、冬小麦和香梨、葡萄、沙果。

博斯腾湖养育了焉耆盆地的万千生命,滋润着这条美丽的孔雀河,也便有了成长壮大的库尔勒这座现代城市。在古丝绸之路上,库尔勒仅仅是一个小小的游牧点,张骞出使西域时,联络大月氏、乌孙等把匈奴赶出了天山以南,在这里修筑了边塞设施,库尔勒遂为丝路上的一个驿站。郑吉的西域都护府府第设在乌垒,唐安西都护府先是在高昌,后迁龟兹,焉耆管辖之下的库尔勒,直到近百年前才设县置。

1903年,日本中亚探险队的渡边在笔记中说,沿天山山脉走了八天,到了一个叫库尔勒的地方。在此之前,山上完全没有树,河里是一些泥水,到了库尔勒,才第一次见到清澈的流水。那条河叫孔雀河。在焉耆那边有一个叫博斯腾的大湖,这条河大约就是从那里流过来的。但是流入湖中的水量小而混浊,而孔雀河的水量却大,水也清,据说当地人自古以来就对此感到奇怪。这个地方的水质好,土质也好,盛产大米。

后来者居上，孔雀河边的库尔勒如今成了南疆现代城市中的佼佼者，打开了历史上著名的铁门关，迎接四方来客，新丝路上的石油基地和大商埠业已成型。

石油小区坐落在孔雀河边，有高耸的点式公寓楼，有绿色的草地，有丛横的渠水。林荫道上有柳树、榆树、梨树、槐树、杨树，小气候不是江南胜似江南。小区公园里有老人和孩子。与他们聊了聊，不是退休的老石油就是随石油人在这里安度晚年的。据说库尔勒市区有二三十万人，石油人不足万人，税收却占到很大比重。

展览馆入口处的布置很奇妙，实物的胡杨和井架构成了塔里木大沙漠的生命象征。沿着沙中的沥青小道，便走入了神奇的石油天地。1951年地质队进沙漠时是骑骆驼的，那时的艰难险阻是无法想象的。1989年4月10日，塔里木石油开发指挥部在库尔勒成立，从人拉肩扛到建立起基地，从地勘、钻进、运输到油气开发、三产的发展，逐步成家立业，揭开了这方天地的神秘面纱。在山地勘探中，与美国合作，直升机派上了用场，勘探工人像鹰一样在悬崖峭壁上作业。被称为"五朵金花"的丛式水平井，日产五千吨，简直是奇迹。如今年产五百万吨，该换算为多少美金！是足以让人震惊的。

博斯腾湖

轮南大气田的发现，使这偏远西域作为现代城市给养的源泉，正修筑一条长城般的西气东输管道，横跨辽阔的国土。

丝绸之路档案

西出长安望葱岭

柴达木罕

孔雀河边的新式高层公寓，统一供应暖气热水，中央空调，服务设施齐备，院落环境十分优雅。在轮南、塔中各工作区上班的职员，定时轮休，回这里生活。同行的若冰老人在探访老朋友时，打听到一个至关重要的人的线索，她的名字叫柴达木罕。她现在是这里的工会领导，就住在这个小区里。

还是在上个世纪五十年代初，不满三十岁的李若冰从西安到了敦煌，从那里翻过当金山，闯入了人迹罕至的柴达木盆地。在与石油勘探者相处的日子里，他结识了维族老人依斯阿吉。1957年10月，在茫崖的勘探帐篷里，他写下了一篇题为《寄给依斯阿吉老人》的散文。文章写道，那年阿吉老人已六十四岁，胡须花白，褐黑色的脸上刻满皱纹。他身穿老羊皮袄，有着雄鹰般的眼睛，脚蹬毡靴，豪迈地走在大沙漠中。阿吉家住若羌，年轻时被土匪逼迫，领着妻子儿女，赶着羊群，闯进了柴达木。之后，自愿给解放军当向导，进柴达木剿匪。当勘探队第一次踏入柴达木时，阿吉又成为勘探者的第一号尖兵，发现了大漠中的油砂。作者在茫崖又见到阿吉时，知道老人在六十二岁时又添了一个女孩，那女孩便是柴达木罕。她是柴达木茫崖万人帐篷城的见证。

近半个世纪过去了，阿吉老人已于1961年去世，长眠在了柴达木花土沟的戈壁滩上。他的女儿辗转油田，到了库尔勒落脚。曾经有一年，柴达木罕到了西安，找到这位写过《柴达木手记》的作家朋友，是为给她哥的孩子看病的。她说，这孩子得的是肾脏综合征，在西宁、兰州看不好，就来西安了。李若冰为她打听介绍了咸阳中医学院的一位名医，终于医好了孩子的病。李若冰记得她是在茫崖工作的，怎么这么巧，能在眼前这座城市见到她呢？这是李老始料不及的意外收获，他的惊喜之情可想而知。

若冰老人无意中得到这个消息后，滔滔不绝地给我们讲述这个故事的来龙去脉。说是从塔中回来，一定去见见柴达木罕。临到要出发时，才知道她去北京出差了，在我们离开库尔勒之前是赶不回来的。这恰似一瓢凉水，浇得激动中的他说不出话来。他想了想说，柴达木罕不在家，即使去她家里看看也好啊，她的丈夫买买提在吧？经联系，说买买提在家，腿脚因患风湿病上不了班，但这会儿去职工医院打针了，一会儿就回家。若冰老人说，买买提身体不好，更应该去看看。

进小区，乘电梯，我们

李若冰在阿吉像前

丝绸之路档案

西出长安望葱岭

陪若冰老人敲开了一扇门。它不是近五十年前茫崖帐篷的门,是近五十年后那个叫阿吉的老人的小女儿柴达木罕的门。若冰老人拉住买买提的手,久久说不出一句话来。拄着拐杖的买买提与若冰老人相互搀扶着,在沙发上坐下来。这个家宽敞舒适,收拾得美观大方,维族的特色十分明显,让客人赞叹不已。若冰老人说,又是二十年不见了!买买提说起妻子那年去西安给孩子看病的事,很感谢眼前这位老作家。若冰老人问到他的腿病,说要抓紧医治。买买提说,柴达木罕这次去北京,也捎带着去咨询他的病例。他们拉着家常,品尝着库尔勒有名的香梨,心情十分舒畅。我们知道主人的一儿一女都成人了,分别在北京、上海读本科和研究生,儿子是自己贷款读的,说是长大了,不让父母再操心。买买提给在京的柴达木罕拨通了手机,若冰老人同她聊了一阵子,也算了却了一桩心愿。

  与柴达木罕同事的老郝是陕西永寿人,是油田上的作家,若冰老人为他的一本书写过序,他这几天一直负责接待我们一行。在我们谈话时,他已如数家珍似的从主人房间里摘下了几副镜框,原来是阿吉老人给勘探队当向导时骑骆驼的照片和主人的全家福及不同年代的留影。这确实让若冰老人高兴得了不得,似乎又回到了那个遥远的火热的年代。他又听到了那叮咚作响的驼铃的召唤,眼睛也湿润了。

  按行程安排,我们是要陪若冰老人去柴达木盆地的。他一直盼望着能六进柴达木,重访芒崖、冷湖、花土沟和尕斯库勒湖,去拜谒长眠在那里的石油人和阿吉老人。数天后,当他因血压升高未能翻越冰天雪地的当金山进入盆地时,他该多么焦灼、遗憾、沮丧和不安!对于若冰老人来说,柴达木是永远的。

西州

早晨离开库尔勒,又进入天山。这里的山并不高,不成规则,可以称它为乱山子。形同沟壑,寸草不生,比黄土高原还要荒凉。流沙从山顶流淌到沟底,山巅上一丝风声就牵动了一面坡的沙子。它像是坚硬的山体披着的一层柔软的纱帔,让沉寂的山间有了点动静。

终于发现了一条涓涓小溪,是一条河流的发源地吧,丝丝缕缕的向前流去。沿河道而行的车子,在小溪流的引导下曲折向前。到了一处稍宽一点的河道,出现了几棵绿树,有几亩田地、三两户人家。石油工地的车子多了起来,堵了数公里,原来前边是石油管道修筑工地,有一辆油罐车四脚朝天地翻到了干沟里。

好不容易出了山,进入吐鲁番地界,四周是一望无际的大戈壁滩。上了高等级公路,立交分道处有通往乌鲁木齐与鄯善的标示牌,有点现代交通的感觉了。茫茫大戈壁滩上,唯有眼前这条公路笔直地伸向天边,两旁的电线杆在朦胧的闪烁中向后退去,一直不见断头。突然间起风了,感觉很冷。停车歇息时,面朝阳光的胸部是热烘烘的,后背上却觉得冰凉。

吐鲁番古称西州,说到它的热,最高温度有四十七度,地表温度八十二度,在热沙中能烫熟鸡蛋。除了热,吐鲁番还是著名的风库,大风吹起,曾经掀翻过汽车,甚至于把火车吹下路基。岑参说"我来严冬时,山下多炎风",飞鸟不敢停留,一朵孤云要随马儿去了。

火焰山就在身旁,高高的横在天边,其气势磅礴,让人想到《西游记》中过火焰山的情景。紫红色砂岩,在烈日下红光闪烁,犹如火焰。山下的戈壁滩露出薄薄的绿色,有驼队缓缓移动。它是天然的风景呢,还是供游客观赏而设置的,不得而知。

这就是孙悟空三借铁扇公主的芭蕉扇扇灭了冲天烈火的火焰山吗?大约在距今1.5亿至5000万年间,大地岩浆迸发,从海底呼啸而出,造成了这长满褶皱的山脉。《西游记》中说此山八百里火焰,实际上,火焰山自东而西,长不过一百公里,宽约九公里。山高一般四五百米,胜金口附近的最高峰,海拔八百五十一米。维吾尔语称火焰山为"克孜勒塔格",即红山。

当地人传说,古时候,天山有一条恶龙,经常飞到这里,吃掉一对童男童女。一位名叫哈拉和卓的青年,向君主请命,要去降服恶龙。他手执宝剑,与恶龙激战了三天三夜,终于在七角井腰斩了恶龙。落而未死的恶龙扑腾翻滚,鲜血染红了大地。他又连刺十剑,将其劈成十截。于是,死龙就变成了这座红山,被剁

火焰山

开处,便成了山中的十道峡谷。这青色的剑痕,也就是林荫遮日的葡萄沟、桃儿沟、木头沟、吐峪沟、连木沁沟、苏伯沟和胜金口峡谷。沟谷中泉水环绕,并且保留着唐代的石窟、壁画和其他文物古迹。尤其是胜金山顶,有一根天然石柱,当地人说,这是当年唐三藏西天取经时的拴马桩。

  也就在唐灭高昌之后,这里的马奶子葡萄种子在长安的土地上发芽,葡萄酒开始流行。葡萄美酒琵琶,古来征战未休,似乎柔软的丝路从来是与金戈铁马为伴的。后来,回鹘迁住高昌,曾称作火州。附近的古墓中出土过丝绸品并不奇怪,甚至于发现了记述唐朝大诗人岑参使用马料的账本,实在是有趣的事。

  日本探险家橘瑞超上世纪初路过吐鲁番,他在笔记中写道:这里的东西南北都距海洋很远,是中亚的一个城镇,其海拔低于海平面。那么究竟低多少呢?我曾尝试实验过几次。吐鲁番南边有一个咸水湖,湖水位于海平面以下。从地理学角度来说,吐鲁番的夏天之炎热,绝不亚于印度。当地人中稍微有点钱的,就在地下挖一个洞,以便在里面避暑。冬天非常冷,看来燃料也不是太多,把草根之类挖出来晒干当柴烧。其实天山山脉出产大量煤炭,距离也不远,煤的运输也没有多大困难。

  车向东行,眼前出现一支高擎的火炬,磕头机多了起来,使大戈壁滩有了生机,是进入吐哈油田了。

交河与高昌

离这里有数十里的交河故城，是丝绸之路上的首要军事重镇。它居于亚尔乃孜沟中，是一个呈柳叶状的高台，两边有小河流过，在土台的首尾处交汇，方称为交河。亚尔乃孜沟，是远古时代由于洪水冲刷形成的一道河谷。中央所形成的河心洲，长1650米，最宽处达300多米，土城的边缘悬崖陡峭，构成了天然的屏障。在这个小小的岛屿上，留下了不少壮举和诗篇。

远在三千年前，原始居民为避免野兽的侵害和防备部落间的战争，便选择在这个河心洲上建造家园。他们在坚硬的黄土层中掏挖出洞室居住，开凿出通往河谷底部的通道，到河谷中取水并进行生产劳动。当时他们使用的石器和彩陶器，至今还能从这里捡到残片。《史记》记载，在这里生存过的土著居民，是古代西北兄弟民族的姑师人。战国时期，姑师人已经进入阶级社会，他们以此为重要据点，活动足迹遍布今天的新疆东部地区。

汉武帝元封二年，姑师被赵破奴所破，遂分为车师前后王及山北六国。《汉书·西域传》道："车师前国，王治交河城。河水分流绕城下，故号交河。"到了公元448年，车师前部王车伊洛，带兵随北魏万度归平西域，西征焉耆，留子车歇守交河。盘踞在盆地东部高昌城的北凉残余势力,乘虚引柔然兵袭击交河。车歇固守不住,西奔焉耆投伊洛,车师前国至此覆灭,交河属于高昌国的领地了。

交河城垣

唐太宗于贞观十四年,派侯君集平高昌,在此设交河县,属西州管辖。西域最高军政机构的安西都护府最早也设在这里,成为唐王朝进一步统一广大的西域地区的大本营。后来,随着管辖范围的不断扩大,安西大都护府由这里迁往龟兹。

八世纪至九世纪中叶,交河故城曾为吐蕃所陷。以后,这里又为回鹘高昌国属地,设交河洲。由于空间毕竟狭小,限制了发展,城池逐渐衰落了。后来,元朝控制下的交河城,因天山北的蒙古游牧贵族侵犯,城池毁于兵燹之中。明初,吏部员外郎陈诚出使西域来到这里,留下了一首《崖儿城》的诗:"沙河两水自交流,天设危城水上头。断壁悬崖多险要,荒台废址几春秋。"可见从那时起,交河已经是一片废墟了。

现在可以看到的是交河鼎盛时期的规模,大体为唐朝的遗存。建筑物大部分集中在东南一带,有城门两座,街道和建筑一

般是从原生土中掏挖出来的。窑洞是这样,房屋也是先在原生土中掏出空间,留出四壁,然后用木头搭顶的。也有多层建筑,下面是土墙,上面是板夹泥垛墙。大街北端是一座规模宏大的寺院,南部是大宅院。有广场和围墙,有制陶的手工作坊。城北是壮观的塔群,中央是一座大佛塔。这里气候干燥,城址又远离水源,使这些遗址得以保存下来。游人至此,仍可游街串巷,穿堂入室,领略昔日交河故城的风景。

在民间流传很广的苏武牧羊十九年,说的无非是一个"忠"字。当初苏武与因战败而投降匈奴的好朋友李陵告别,李陵赠诗说"携手河梁上",游人至此的感慨,已无所谓此河梁彼河梁的史实了。

唐太宗李世民的《饮马长城窟行》,说是"塞外悲风切,交河冰已结",是为戍边将士的慰问信。岑参不同,他身先士卒,"暮投交河城,火山赤崔巍",说当时的节度使封常清的功劳大于汉将李广,今天读来,诗人有点薄古厚今,现在看来还是那位"龙城飞将"李广的名气大得多。咏唱"白日登山望烽火,黄昏饮马傍交河"的李颀,说统治者不过是为了得到几匹好马和几颗蒲桃,而不惜无数士卒埋尸荒外,潜台词当是不要战争要和平。

西州曾设在附近的高昌王城,它位于吐鲁番以东四十多公里处的木头沟。沟内的三角洲地带,有高耸的城墙、深陷的护城河,其轮廓犹存。略显不规则的正方形城垣,由城内外和宫城组成。西北面的城门保存完好,城墙是用夯土筑成的。

高昌城被废弃后,当地人开垦耕种,地面建筑已经荡然无存。外城的一处寺院,大约是在隋代修筑的,寺院内遗存的坊市痕迹,是小手工业的作坊和商业区。另一所寺院里,有一座多边形的塔和支提窟，有保存较好的壁画，为晚唐至元代所筑。内城北部有方形的小堡垒，堡内有塔形建筑，是一所宫殿遗址，与交河城的官署衙门建筑形式相同。

高昌遗址

高昌城奠基于公元前一世纪，是西汉王朝在车师前国境内的屯田部队所建。汉武帝遣兵西征，因部队长途跋涉，在这里暂且休养。这里地势高敞，因名高昌。后来前凉张骏在此置高昌郡，立田地县。北凉势力曾经"西逾流沙"，在这里建立了流亡政府，随后，从这里攻破了车师前国都城交河城，吐鲁番盆地的政治中心又从交河移至高昌城。之后，柔然人杀了北凉王，"以阚伯周为高昌王，高昌之称王自此始也"。这些高昌王，是受中原王朝册封的，有的曾到长安朝觐，还娶了隋朝的花容公主为妻。

到了唐朝，高昌王趁唐开国时中原之危，依附西突厥骚扰丝绸之路，还说什么"鹰飞天上，鼠伏穴间，各得其所"。按说这也

不失为一种独立精神，却遭到大唐的制裁和毁灭性打击。连高昌国民都说，高昌兵马如霜雪，汉家兵马如日月，国王却如井底之蛙，以为天然沙漠可以抵挡来敌，结果一命呜呼。

唐灭高昌后，在这里置西州，下辖高昌、交河、柳中、蒲昌、天山五县，人口达三万七千之众。八世纪中叶，吐蕃人一度占据了高昌。到了九世纪中叶，漠北草原回鹘汗国衰亡后，西迁的部分余众攻下高昌，在此建立了回鹘高昌王国，其最盛时，疆域扩大到伊州、庭州、焉耆、龟兹以及罗布淖尔一带，地域范围远远超过了今天的吐鲁番地区。1209年，高昌回鹘臣附蒙古，成吉思汗赐回鹘高昌王为五子，并下嫁公主。之后，天山以北的蒙古游牧贵族海都等发动叛乱，坚持仍然要生活在草原上，不能到城市地区去，多次南下侵犯元朝所属的回鹘高昌国。经过四十多年的战争，高昌城终于在兵燹中毁灭。历时1300年的高昌城，被废弃了。

交河与高昌两座故城，是今天吐鲁番的一对风格不同的姊妹城，是著名的旅游胜地。它们曾经是兵家必争之地，也是古代西域政治、经济、文化的中心，世界宗教文化荟萃地之一。

当时的高昌王奉佛甚虔，从商旅口中得知玄奘在凉州讲经，之后西行求法时，就派使者到伊吾境内准备接驾。待玄奘来到后，使者即飞马归报国王。高昌王备了几十匹上乘好马，到伊吾迎接玄奘。本来，玄奘并没有途经高昌国的打算，准备从伊吾国直接向西北行，翻过巴尔库山，沿天山北麓西行，前往天竺。高昌王既然热诚相邀，玄奘只得走一回高昌国了。经过六天的行程，来到高昌边境的白力城，换乘良马连夜赶到了王城。高昌王对玄奘自称弟子，恭敬礼拜，非常虔诚地说，弟子思量自中国到此,沙漠险阻,而法师能单独前来,这种勇气和毅力实在不可思议。高昌王说罢,流涕称叹不能自已。

这些时日,国王对玄奘的生活起居照顾得无微不至,派人专门侍候,为的是想留住他教化国人。日后,又派八十岁的国统王法师与其同处,劝他不要前往西方。但玄奘不允,只是停滞了十几天,就向高昌王辞行。

国王说,愿封法师为国师,别去西方了。

玄奘说,多蒙恩宠,但因有违初心,实在难以从命。

国王说,我曾与先王同游贵国,见过许多名僧,唯独喜欢法师,今后愿意终生奉养,为王国培养僧才。

玄奘说,王的厚爱,贫僧实不敢当。此行任务重大,不计一切,渴望求得真理,以东土众生慧命计,还望谅解。

玄奘说,我志意已定,不可挽回。

国王不悦,面带愠色地说,我总有办法留住法师,现在摆在法师面前的有两条路,一是留在此住下,二是送法师还国。请三思。

玄奘的态度反而更坚决:贫僧一心西去求法,今遭遇阻碍,王留我,佛却不留。

国王仍不死心,不仅不放行,从此供养更为丰厚,玄奘却并没有屈服,终以绝食表示抗议。三日后,玄奘还没有进一口水,国王见他气息渐微,有生命之虞,心生愧疚,只好顶礼谢罪,将玄奘放行。玄奘怕国王有变,要其指日发誓,这才答应进食。

高昌王要与法师结为兄弟,待他从天竺归来,请他住本国三年。并要法师留住一个月时间,讲完《仁王般若经》后,再西去不迟。玄奘只好应允。一月后,高昌王为玄奘备好法服三十具,

交河与高昌

丝绸之路档案 西出长安望葱岭

以防寒冷，又送玄奘防风面具、手套和靴袜，并有黄金一百两，白银三万，绫绢五百匹，供法师往返二十年所用之资。另备马三十匹，夫力二十五人，派特使送法师到达叶护可汗处。又给他二十四封书信，分送屈支二十四国，每一封书信都附大绫一匹，绫绢五百，果味两车。信中托付他们沿途代为照顾法师，如同接待自己一样。

玄奘见高昌王如此厚赐，遂上书致谢，感激不尽。高昌王见书，说道，既然与法师结为兄弟，国家所有资财，与师共之，又何必称谢呢！玄奘出城之日，国王与大臣百姓倾城欢送。国王抱住法师恸哭，僧俗众民为之悲伤，哭泣声传遍城郭。国王依依不舍，乘马送了几十里，才道别而回。

玄奘至此西行，陆续经过焉耆国、屈支国和禄迦国，到达葱岭之北隅。

今天的高昌，于若干载之前已经人去城空，在哪里可以寻找到玄奘当年的踪影呢？玄奘在西行路上，留给高昌城的佳话，却是永不消失的。

交河古城

吐鲁番与鄯善

吐鲁番盆地中的艾丁湖，是我国海拔最低的湖泊，距市区四十公里。它的湖盆面积有 152 平方公里，湖面低于黄海 154 米多，仅次于欧洲的死海，为世界第二低地。艾丁湖曾经是一个巨大的淡水湖泊，比现在的湖水面积大 1000 倍。湖面缩小后，周围一片白茫茫，似寒夜里的月光，当地人叫它觉洛浣，即月光湖。它处于低洼地带，接纳着周围的雪水流泉，但由于这里奇特的干燥多风，湖水大量而迅速地蒸发。加上用水量增加，现在的湖水面积只有 22 平方公里，水深平均不到 0.8 米。人们担心，很可能在不远的将来，艾丁湖会在地图上消失。

而坎儿井，则是吐鲁番的生命之泉。在这驰名的火州、风库，之所以有大片的绿洲，是因为这里有如人体血脉似的坎儿井。它是一种地下水道工程，在新疆约有 1600 条，可以与长城、运河相比美。吐鲁番的坎儿井最为集中，有近千条之多，总长度约 5000 公里。它储蓄了博格达山雪水和雨水潜入戈壁的水源，蒸发量少，不受风沙和季节影响，为人们提供了源源不断的清泉水。

坎儿井，最早是在西汉时期从陕西关中的井渠法引入新疆的。到了清代，林则徐途经吐鲁番，曾记载道："见沿途多土坑，

丝绸之路档案　西出长安望葱岭

询其名,曰坎井,能引水横流者,由北而南,渐引渐高,水从土中穿穴而行,诚不可思议之事。"

绿树簇拥的村庄边,是一片片葡萄园,着艳丽民族装扮的主人三三两两在忙碌着。我们错过了去吐鲁番葡萄沟的路口,遗憾于没能路过那里去一饱眼福。听说那里是葡萄的天堂,还有歌舞升平,是一个旅游者的乐园。

传说唐僧西行取经时,曾路过这里歇息纳凉,师徒一边饮着山泉,一边吃着从路上带来的葡萄。唐僧撒落的葡萄籽,不久就生根发芽,开花结果。从此,火焰山西侧的这个峡谷,就渐渐成了葡萄的王国。

火焰山下种植葡萄,已经有千年的历史。《史记·大宛列传》记载:"宛左右以蒲陶为酒,富人藏酒至万余石,久者数十岁不败。俗嗜酒,马嗜苜蓿,汉使取其实来,于是天子始种苜蓿、蒲陶肥饶地。"《册府元龟》记唐初史称:"葡萄酒西域有之,前代或有贡献,人皆不识。及破高昌,收马乳葡萄实,于苑中种之,并得其酒法。太宗自损益,造酒成,凡有八色,芳辛酷烈,味兼缇盎,既颁赐群臣,京师始得其味。"

也就是说,唐以前,新疆葡萄酒已经进入皇宫,其后又有唐太宗亲自倡导,从吐鲁番学来葡萄酒的酿制法。由此推算,新疆葡萄酿酒法传入中原,至少也有1300年的历史了。

《明史·西域传》记载,吐鲁番的无核白葡萄"小而甘,无核,名锁子葡萄"。清代诗人肖雄说:吐鲁番无核白,是"汉时所进之绿葡萄,大逾蚕豆,滴溜珠圆,色在碧白绿之间,宝光晶莹,与玉无辨。其甜足倍于蜜,无核而多肉,因干后色白,故名"。

而鄯善在汉代指称鄯善国,首都在伊循,也就是今天的米兰,与眼前的鄯善没有关系。今天的鄯善,是一个石油城,吐哈油田作业区的公寓就设在这里。大多数人家住在哈密,每半个月轮休一次,一年有三百天是生活在鄯善的。过去来回乘坐铁路专列,后来改为豪华大巴,倒是比较方便的。年轻人基本上常住这里。小小绿洲的公寓,被偌大的戈壁滩环抱着,多少有一些孤单。

统军出行图

我们吃饭的时候,与餐厅的服务员聊天。她是一个维族姑娘,是从当地招聘来的,还有点羞怯的样子。大伙想让她唱唱歌,她态度很诚恳,总是说不会唱,再三劝说也没有用,终是未能启开她的嘴巴。她也许的确不善唱歌,大伙有点为难她了。她看大伙有些失意,最后说她的妹妹会唱歌,在文化中心工作,要不要请她来?没人吱声,她就一再说抱歉,脸皮红红的了。

在公寓门前的路上,碰见一辆小毛驴车子,长方形车厢做得很考究。赶车的是一位白须飘逸的维族老人,后边坐着一位年轻妇女,是他的儿媳或女儿。驴蹄子嗒嗒的敲着路面,从主人的表情可以看出他们平和而悠闲的心境。后边来了一辆拉满柴草的毛驴车，赶车人是一位中年男人，衣衫褴褛，吆吆喝喝，拐弯奔向岔道的石子路去了。我想，前者是走娘家或赶集去的，后者是在为储备过冬的燃料忙碌着。在现代燃料的故乡，在石油之都，当地人也不得不依赖原始的生存原料过活，这种反差是耐人寻味的。生米做成熟饭，抵御严寒的冬天，是离不开火的，而不同物质的燃料在某种程度上标志着生活水平的高低。我们在来时的列车上，看到了关中平原烧包谷秸的场面，原始燃料的贬值，是一种文明的进步。

石油人说，这里的基地建设已经带动了当地的变化，当然，要让戈壁滩在石油的开发中改变环境，改善人们的生存条件，是需要一个过程的。

眼前的天色灰蒙蒙的，似有薄薄的阴云，却不会有一星半点的雨降落下来。风很冷，他们说这里在十月中旬已经放暖气了，该是天冷的季节了。

莫高窟

哈密

在行驶途中,油田的司机师傅说,哈密瓜并不是说哈密的瓜,本来应该是鄯善的瓜,古时候的鄯善一度受哈密管辖,就把上贡的鄯善的瓜叫成哈密瓜,从朝廷流传到了民间。

哈密瓜,古称"甘瓜""甜瓜""穹隆",维吾尔语叫"库拱"。考古者曾从吐鲁番的阿斯塔那古墓群的晋墓中,挖掘出半个干缩的哈密瓜,在另一座唐墓中又出土两块哈密瓜皮。这说明早在一千多年前,新疆就已经种植哈密瓜了。

元代有人记述道:"甘瓜如枕许,其香味盖中国未有也。"

清代《阅微草堂笔记》中写道:"西域之果,蒲桃莫盛于吐鲁番,瓜莫盛于哈密。""瓜则充贡品者,真出哈密。"

那时的河西走廊上,专门给皇宫运送哈密瓜的情景是这样的:"路逢驿骑,进哈密瓜,百千为群。人执小兜,上罩黄袱,每人携一瓜,瞥目而过,疾如飞鸟。"

"哈密瓜"一名的由来,与传闻和进贡有关:康熙皇帝品尝着这种甜瓜时,询问是哪里的瓜,内侍只知是哈密郡王所献,就回奏说是哈密瓜。还有一个说法:新疆甜瓜运入内地,多是从哈密启运的,是人们的习惯叫法。

事实上,在多数绿洲都有种植的哈密瓜中,最出类拔萃的还

是吐鲁番所产的红心脆甜瓜。它的外形呈长卵状,重二至三公斤,皮色灰绿,果柄处布有粗网纹,肉色如晶玉,甘美爽口。这类甜瓜,以鄯善县东湖一带所产者为最优。

在吐鲁番和哈密,除了一片片美丽的绿洲,最壮观的当是现代石油工地的风景线。吐哈油田,恰好合二而一,为这片戈壁绿洲增添着光彩。

我们乘坐沙漠越野车,穿过辽阔的戈壁滩,去看台参一井。他们说这口井为玉门人争了光,年产百万吨,一口井顶过了玉门的产量。在之前多年吐哈石油大会战中,来自老石油城的玉门人,因为这口井而直起了腰板。但后来的情形并不乐观,重组之后,玉门人是够委屈的了。

吐哈油田的领域太广阔了,尤其是在茫茫的大戈壁滩上,放眼望去,简直是一大片钢铁的森林。橘黄色的磕头机,星星点点地布满了戈壁滩,电杆呈网状,间有控制电力系统的小白房子闪闪烁烁。

李若冰在石油工地

火炬冲天而立,火焰在天幕上写着人的宣言。钻塔林立,在刺痛地壳深处的神经,搜索大地的血脉。大大小小的道路纵横驰骋,巡查车、油罐车、工具车在奔忙着。

阳光下,身旁的天山高洁肃穆,一派白茫茫,疑是冰雪,实为石质本色。我们来到一座井架旁,看见一只可爱的小犬在车厢式的帐篷旁起劲地叫,几只鸽子从帐篷顶上展翼起飞,融入蓝天。着橘红色工装的年轻钻井队队长,正在钻塔下和工人们修理机械,和我们打了一下招呼,又忙他的事去了。我们登上钻塔,仰望伸入天际的钻杆,有点头晕目眩。在控制室,各种电子按钮早已取代了重体力劳动。曾经在大庆、长庆等油田和电影《创业》中看到的情景——扳动刹把,挪动长长的钻杆,在这里见不到了。而一线的工人,也避免不了大汗淋漓,工装油污,面色如铁似铜。井队有四十多号人马,十多个正式工人,其余是辅助工。有一位辅助工说是来自天水,已经在井队干了十个年头。

哈密姑娘

看见一个五六岁的小男孩在车厢式帐篷旁玩耍,上前逗他玩儿。他说是跟妈妈来看爸爸的,他用手指着井架下修机器的工人,也不知哪一位是他爸爸。妈妈在厨房里忙碌着,可能是在帮厨。走进队长的帐篷,有空调,有书桌,床铺整洁得和军营一个样。墙上的照片是队长的全家福,旁边贴的一张画儿是他的孩子画的。这是队长梦中的家,而真正的家还在几百里外的哈密,有时一个月四十天也顾不上回一次。我问队长,野外工作报酬可能会高一些?他说,月薪两千块吧,井队实行责任制,有严格的成本核算,如果亏了,要和报酬挂钩的。

据说这里温差大,六到二十七度,是一种什么感觉?热天地面温度高达八十度,人是要被烤焦的。好不容易下一场雨,很快又被蒸发了。

途经一个叫一碗泉的地方,远远望见漠野上有十多峰骆驼在行走,在几百米外隐隐地与近处一坨坨茂盛的骆驼草融在一起。是不是看花了眼,骆驼似骆驼草,骆驼草似骆驼,这绕口令一样的概念,把人捣迷糊了。再仔细看,的确是骆驼无疑,那么是家养的骆驼呢,还是野骆驼?数十里无人烟,也不见一个人的踪影。终于,在较近的地方,真的看见了几峰骆驼,在一片低洼处饮水,这是一碗泉吗?

而真正的一碗泉,还在数十里之外。我们在泉水边歇下来,见一泓细微的清流从干枯的沙坡下的小窟窿里渗了出来。数棵几搂粗的大柳树,少说也有几百上千年了,它们围成一个掬水姿态的半圆,飘逸着柔软的枝条。古柳并没有掬住流淌的泉水,指缝间流走的清泉入了水渠,流向了村边的田地。数十户人家吊在这只"奶头"上,延续着他们源远流长的家族。刚才进村前不是看到一片坟墓吗,它正是生命力的见证。土屋上飘着炊烟,偶尔有村人走过。远处的草地上,一群羊在游动。田地里秋播的庄稼人,男人在吆喝着拉犁的毛驴,女人跟在后头撒落种子,尘土飞扬,像打仗似的。我顿时感到了一种亲切,我想起了老家已经消失多年的农耕图,最后的牛、马、骡、驴等家畜已被机器取代了。是物质文明的喜剧,亦是人心灵上的伤痕。

　　吐哈油田的豪华大巴也在一碗泉停歇,职员们男男女女下了车,赶到路边的厕所排队方便。记起在钻井队的车厢式帐篷里,队长说室内配有卫生间,但都情愿去户外方便。说美国人做油田监理,即使在无人区也带有拉屎拉尿的卫生车,住处肯定设有卫生间,说是保护环境,这也许就是西方社会的文明吧!

戈壁井架旁的李若冰老人

丝绸之路档案

西出长安望葱岭

伊州

抵达古称伊州的哈密，走入现代石油小城，已是午后时分。

据说这座约三万人的石油小城，绿树成荫，高楼林立。在广袤的大戈壁滩上，让人怀疑这片绿洲是从天上掉下来的。它与内地的任何现代城市没有外在的区别，只是更干净、更阔气、更时尚罢了。文化广场上有罗马柱、西洋雕塑、音乐喷泉、露天舞台，加上以黄菊为主的鲜花，绿茵茵的草坪，是我所见到过的最阔绰的小城广场。就是西安城里的现代广场，也是不可与其相媲美的。是戈壁滩太慷慨了，这戈壁滩上的绿洲广场，起码在空间上是最富有的。只是少有人迹，职员们还都在岗位上呢！

信步走入小城公园，湖水荡漾，小船悠悠，坐在湖边条椅上，也作一回悠闲人，实在惬意得很。跑到这儿赋闲，多少有点牵强附会。据说这湖水是从地底下抽上来的，石油人要让戈壁滩上的家园成为环境优美的乐园，其毅力是难以想象的。

哈密在唐代称伊州，在它的南边是浩瀚的莫贺延碛，是从玉门到伊州不可逾越的地方。戈壁滩上布满了砾石和粗沙，极少水草和生物，迢迢八百多里几乎是死亡之地。

试想，孤身匹马的唐僧是如何偷越玉门关，以白骨马粪为路标而行，又是如何四夜五日滴水未进，昏迷在大漠中，幸被凉风吹醒，识途老马因闻到水味狂奔到泉边，终于踏上哈密的水草之地！这是让人心灵震撼的事。

　　当初，唐玄奘出了玉门，过了五峰，在西行百里后，经过一处野马泉，他在泉水边补充了一些水，便进入了八百里长的莫贺延碛。古人曾称这片沙漠为流沙河，沿途上无飞鸟，下无走兽，也没有水草。他必须经过这片最险恶的沙漠，才可抵达伊吾国境。在这片一望无际的沙漠中，真可谓前无古人，后无来者，唯有人马相依而已。玄奘一路上只管念"观世音萨菩"，一边默诵般若心经。玄奘曾在四川遇见过一个病人，满身恶疮，无人接近，玄奘施以饮食。这个病人在感激之余，便授他心经作为回报，并叮咛常念必可解厄。玄奘因常念，颇有灵验。玄奘行进在沙漠中，似有恶鬼绕其前后，每次都是用念经驱散的。

壁画·人与马

　　又走了一百多里后，玄奘不知不觉迷路了。他正想下马取囊饮水，不料皮囊袋子重，不慎失手倾倒了水袋。没有了水，怎么能够走出沙漠呢？他本想回头寻找野马泉取水，行了十余里，又一想，不对，我原来发愿，若不到天竺决不向东迈一步，宁可西

行而死!于是旋辔又回,继续西进。四顾茫茫,人困马乏。夜里有魑魅之火,灿若繁星;白天则惊风夹沙,急雨般刺人。还有干热之气,口渴难耐。就这样,经过了四天五夜,没有一滴水喝,几乎渴死。到了第五日夜里,忽然一阵凉风吹来,精神大作,他那忠心耿耿的老马也奋蹄长嘶。遂小憩片刻,上马前行十余里,老马突然发疯似的狂奔起来,眼前竟是一片清水草地。

玄奘在草池停留了一天,继续前行,两天后,终于跨越了流沙地带的死亡之境,抵达伊吾。在这里,他住在一座古刹中。寺内有汉僧三人,其中一位老者,听说法师至此,鞋子来不及穿就迎了上来。老者不知是喜是悲,抱住法师边哭边说:"想不到这辈子还能见到故国之人!"玄奘也为之伤感涕泣不已。

"沙上见日出,沙上见日没。悔向万里来,功名是何物。"诗人岑参曾在路经莫贺延碛时,于自然恶境中起了这番感伤,说明人的发展在生存危机时是警醒的,动摇是有的,坚韧也是会有的。

一百年前的日本探险家渡边,曾这样记述哈密:从乌鲁木齐出发,翻过天山,花了十八天时间到达哈密。哈密,古称伊吾,从前有一条焉耆通往安西的路,完全没人走了。所以从新疆到内地,必须经过哈密。正因如此,中国政府在这里设了一个名为协台的官职。自古以来有一句俗话说,得伊吾才能得西域,失伊吾必失西域。当地的哈密王热情地欢迎我们,为我们准备了晚餐,但我们因时间不够,故婉言谢绝了。作为饯别,他送给我们马料一石、米三斗、柴一驮,还有好多无烟煤,用车拉来的。哈密与安西的路况更差,净是沙漠,没有一点儿薪柴,因此,哈密王送给我们的煤帮了大忙。哈密以北,有一个叫巴里坤的地方,那里的马很有名，身体小但很结实，踢人、咬人非常凶，但长于爬山。其价钱也很便宜，大体上一匹马四值七两银子。过路人买了马，那马便会自己咬断绳子，回到原来的主人那里，那主人又会把它卖给另外的过路人。利用马来赚钱，真是难以对付。

这荒凉的地方，如今却有现代的富丽。在贫穷的环境里，却有颇时尚的丰饶。这里的石油人，据说人均创造价值一百万，这是怎样一个令人惊讶的概念！石油帐篷世界的一切印象，都已经化为历史。它是偏僻的，也是处于新世纪时代前沿的。

哈密瓜是什么滋味，现在才似乎品出了一丝感觉。

至于唐玄奘当初经过伊吾所住的古刹如今在哪里，我是无从寻觅的，只能在他留给后世的《大唐西域记》里，去琢磨一代佛教领袖的踪影和心路了。

作者在哈密石油城

伊州

丝绸之路档案

西出长安望葱岭

星星峡

上午,参观吐哈油田岩蕊库。

好像是进了书库,它尽管没有文字图片的符号,却有更丰富绵密的解码系统。我见过的图书馆,是不比岩蕊库生动取样更便利的。只要在电脑中输入某一种编号,取样机就开合伸缩,在几层楼高的分门别类的库架子上找到目标,将沉重的岩蕊标本端到你的面前。

我是搞不懂岩蕊的,只粗略知道砂岩与油砂岩的区别。从它纹理清晰的横断面上,可以得到地壳深处的信息,判断它的储藏量和开采价值。人们还能把圆轨状的岩样作切片处理,进行更细致的研究。岩样有的地方已经解体成粉末,有的仍坚硬如铁。几百口井的档案存在这儿,是另一种符号的珍藏,类似从人的脊梁上抽取的骨髓样本。

另一种奇石是硅化石,或俗称木化石,是来自地面上的。它在当地有一定的市场,与古玩、奇石、玉器等文物艺术品一样,拥有广泛的潜在消费价值。

在吐哈油田宾馆大堂,陈列了一些有一人高的木桩似的硅化石,形同朽木,却坚固异常。有一些硅化石碎片,供案头把玩,纹路多变,形象各异,不少游客对其爱不释手。小石子五元,手掌大的五十元，脑袋大的三百元，更大的成千上万元。它让你想到胡杨古树，但它确实是上古树木的化石。说是采自罗布泊魔鬼城，人进去出不来，是地壳运动的产物。什么时候有人采了回来，或带给京城的雅士玩赏，便有了石头可以卖钱一说，反而成了当地人的笑料。

向宾馆的一位中年服务员打听硅石的行情，她说，我搞不懂，石头有什么好，城里人竟花几万元买它，是城里人有钱没处花，还是城里人傻？

在从哈密去敦煌的路上，我们在一处叫星星峡的地方小解。

路边是乱石滩，随手捡一块石头似乎都很生动，虽然不是硅化石，也别出心裁。如果带回城里，放在书架上，它会让人刮目相看。在另一处沙漠上，也捡了一种被风沙打磨得光滑柔腻的小石头，像是陨石。我也不知道，怎么一下子与石头较上劲了。

小驿站

星星峡

丝绸之路档案

西出长安望葱岭

星星峡是从南疆进入河西走廊的一道山口，在这里结束了渐渐盘旋而上的路，开始下行了。

地势并不显高，可以环视山口两边广阔而浩如烟海的沙漠和戈壁滩。这里依然寸草不长，黑色的山石不像是开山施工造成的样子，是风的力量、太阳的耐性，让它松动腐蚀成了被开垦的迹象。

也许是最早经过此地的拉骆驼的旅人，在这高处突然抬头望见了满天晶亮的星星，便把这里叫成了星星峡。星星，是闪光的石头。

从星星峡山口，只一步就由南疆跨入了甘肃地界。

略低一些的开阔地，是一个小驿站。几间屋子，一只犬，三几个人，就构成了一个小小的社会。过路人可以在此歇脚，吃一碗羊肉面，喝一杯酒，饮一壶茶，或买一包烟，歇一宿觉，又东奔西忙去了。这里的招牌称作"新疆第一碗"或"甘肃第一碗"都是名副其实的，不说优质程度，单就地理区位而言，按顺序也是这么个排法。

星星峡雕塑

黑戈壁

　　进入河西走廊，山脉渐渐平缓了，所呈现出的黑色让人肃穆，心里楚楚地涌出一种惊诧。即使在平坦地带，无论是沙漠还是戈壁滩，这一派黝黝的黑色愈来愈弥漫开来，人们也称之为黑沙漠或黑戈壁。色调略有变化，前面不远处出现了隐隐的湖泊和朦胧的绿树。待走近了，刚才的美丽风景却不见了踪影。这也就是所谓的海市蜃楼奇观了。

　　这种现象的奇妙处，在于它屡见不鲜之中的新招。又是波光闪闪，云雾蒸腾，这回该是真的了吧？等走近了，仍旧是一场迷离的骗局。一而再，再而三之后，你决心不相信它了，但幻想总是抹不去的。它也是一种提醒：希望在幻想中成长，从不断的失望中谋求真实的出现。别说夜宿沙漠，就是在这灿烂的阳光下，这死寂的世界也足以让人窒息。

　　当初，玄奘与一胡人和一匹老马，行进在这片戈壁滩上。行不到两天，胡人惧怕前途险远，而且因缺乏水草，常有饥渴之患。况且，如果偷渡不成，一经官方发觉，是很难活命的。玄奘也不勉强胡人，就将其遣了回去。从此剩下一人一马，在这茫茫戈壁滩上孑然孤征。唯一可以作为辨路依据的，是一堆堆马粪和白骨。这样走着走着，忽然出现了数百军士，都披着皮裘，跨着驼

马,擎着旌旗,满身沙碛,行行止止,向他走过来。开始,他以为是贼众,渐渐走近了,却一下子消失了。这才知道是妖魔所幻化。在今天看来,大约是海市罢了。但每一遇险,玄奘似乎都听到空中有声音说"勿怖!勿怖!"他由此心里稍安。

黑戈壁

玄奘就这样走了上百里地,才望见第一座烽火台,西边有水草可以汲饮。为了潜藏踪影,他只有等到夜里才能动身。正当他饮水洗手,准备取皮囊取水时,忽然有一支利箭飒然而至。他以为行迹败露,听候发落。玄奘遂被带到守将王祥处,守将得知玄奘西去求法之意，就告诉他西行之路艰难，不如回去。玄奘表示深恨佛经有所不周，义有所缺，所以不惜性命，不惮艰危，誓往西方取经，决不回头一步。这守将王祥本是佛教徒，听后深受感动，于是决定帮助高僧西行，为他备好净水和干粮，并且指示路径，亲自送行十多里路。在王祥的帮助下，他得以顺利到达第四烽。另一位守将王伯陇是王祥的宗亲，在这里送给他一个大皮囊盛水，又送了一些马料，并告诫他第五峰守将为人粗暴，不要冒险。从这里向西百十里，有一处叫野马泉的地方，可取水继续前行，之后就进入莫贺延碛了。

今天，我们已经很难找到那些烽燧了，有的只是起伏的沙丘，一望无际。

我发现有一群羊在黑戈壁滩上犹如白云浮现，这是几百里无人区内见到的唯一真实的生命。地面上出现了稀疏的骆驼草，一片低洼处还透出织毯般的浅绿。一个牧人，身上披披挂挂的，漫不经心地待在风里。他是那个牧羊的苏武吗？方圆百十里，是不会有什么动静的。也就是因了这一片草场，牧羊人才孤独地来到这里，与他做伴的只能是这一群羊了。前不着村，后不着店，已经是午后时分，牧羊人和羊群是在哪里过夜的呢？

牧歌永远是浪漫的、诗意的，而真实的生存并不都如诗如画。

日落的时候，终于看见了绿树和村庄。

丝绸之路档案

西出长安望葱岭

敦煌

敦煌城,在尘土飞扬中迎接我们。我们也是风尘仆仆,从西向东,一队仿古的现代旅人,好不容易抵达了落脚之地。

城外的河水很浅,泥沙含量大,来往车辆是绕道从河床上行驶的。说是大桥前不久被洪水冲垮了,心想这儿还会有洪水吗?一河之隔的县城与石油基地,形成外观上的差别。这是以农牧业为主的一县之城与现代工业的差别,但两者总是相辅相成,各有长短的。

敦煌,可是一个大名字,一个贯穿历史、闻名天下的好地方呵!

当初,唐玄奘被凉州都督秘密送至瓜州即敦煌后,瓜州名叫孤独达的刺史闻讯非常欢喜,供养十分宽厚。唐玄奘向刺史访求西行的路程,得知从那里北行五十余里的瓜芦河,下广上窄,洄流很急,深不可渡。那里设有玉门关,是必经之路,也是西境的咽喉所在。出关西北处又有五座烽,各相距百里,没有一处泉水和一根草木。五烽之外,就是莫贺延碛。进入莫贺延碛,就是进入了伊吾国即今天的哈密境内。

玄奘听了刺史的一番介绍,心里不免担忧。而他西行的坐骑——那匹可爱的马儿已经死去,继续向西行,还能有什么办法呢？就这样，他在瓜州耽搁了一个多月，而凉州的官方文书即访牒也送到了这里。文书中说明，要缉拿一个叫玄奘的出家人。幸好州吏李昌原是虔诚于佛法的人，他得到文书后，首先怀疑眼前的这位出家人可能就是所要缉拿的人。州吏出示了牒文，并问法师是不是玄奘。玄奘正在迟疑是否应该说出实情，李昌告诉玄奘应该实语相告，自当尽力设法帮忙。李昌听玄奘讲了实情，深表同情，就当面撕毁了文牒，并力劝他及早离开这里为妙。

玄奘还是坚定地向西去了。

敦煌的古代文明源远流长，它是中国历史上的军事要地，也是中西往来和民族融合的枢纽，是文化交汇和佛教艺术的中心。

供养菩萨

西汉有过张骞出使西域，有过二十岁的骠骑将军霍去病南下祁连围歼匈奴的壮举，开始设立敦煌郡。随后筑阳关、玉门关，修长城，建烽燧，屯田垦种，打开了通往西域、中亚的丝绸之路。敦煌沃野，曾是汉军的根据地，更是东来西往的使者和商旅略事休息的大都市。

敦煌地区有着特殊的地理位置和地理环境，特别是自然生态面貌及其演变，奠定了它在中国历史发展中别具一格的重要历史地位。虽然说它现今的地域面积仅有三万多平方公里,但它对中国和世界,都曾有过特殊的历史贡献。

莫高窟是敦煌孕育的文化艺术圣地,它像一颗明珠,在历史的长夜里时隐时现,不断折射出其博大精深的历史光芒。中原王朝统治时期,敦煌蒸蒸日上,成为丝绸之路上的重地,促进了各民族的融合。中原王朝衰退时,内地战乱,敦煌要么为少数民族所占领,要么则成为小环境较为安定的福地,被内地流民和文生儒士当成避祸之所。政治统治上的相对宽松,特殊的地理环境和自然生态环境,造就了敦煌的成熟。

从远古时候的"三危""流沙"地,到文明时代的"敦煌""沙州",这一地区基本上是以现在的敦煌市为中心,联系和辐射周围的政治、经济、文化、宗教和艺术。北面有内蒙西部、蒙古西南部和俄罗斯的一些区域;西面有新疆东部,甚至于西域中部;南面则直跨青海,影响到西藏及四川西北部;东面可达宁夏、陕西北部;东南面连接整个河西走廊,影响到兰州及陇右地带。

早在秦代,敦煌地区就从相对稳定的时期进入奴隶制时代,比中原地区的奴隶制稍晚,却延续时间较久。匈奴等游牧民族在战争的推动下,受中原的影响加快,原有的游牧民族大量迁徙,开始进入西域、中亚,于是这里逐步形成了准内陆的居民结构。从汉代至唐朝,敦煌成为军事战略重地,丝绸之路的意义已不仅在于丝绸贸易,它已成为一条传播文明之路。东西方各民族智慧和精神的种子,从东撒向西,从西撒向东,在敦煌这一纽带上演出了一出出精彩的活剧。

敦煌作为丝路上的门户,在隋炀帝时有过召见二十七国使者的盛事，到了唐代有"元宵灯会，长安第一，敦煌第二"的说法，成了唐代著名的国际贸易中心。唐时，纺织炼染业非常发达，为满足贵族宫廷和中西贸易的需要，丝织品的花式很丰富。在敦煌莫高窟发现的大约于开元年间废制的大批残幡，大部分是由绞缬绢和蜡缬绢制成的。

当时的敦煌城内，一群群人在忙着办理出入境手续，雇赁骆驼向导，购备粮食，装载饮水，想必是十分繁忙的。每天有早、中、晚三次集市，交易活跃，买卖兴隆。各地生产的丝绸、茶叶、陶瓷器具，首先在这里批发交易，然后再运转西方各地。而西域各国出产的金玉珠宝、奇禽异兽及畜牧业产品，也是在这里批发交易后，转运销售至中原及各地的。敦煌当时的商铺，据《王梵志诗》记载，"行行皆有铺，铺里有杂货"，可见其市场繁荣景况。

在丝绸之路玉门关、阳关所在的东西两条大道上，各国各地使臣、将士、商贾、僧侣等，往来不绝，相望于道。在莫高窟壁画中，出现了许多西域使者和胡商、僧侣的形象，有的牵着满载货物的驼队，跋涉于大漠之上，有的赶着毛驴马匹，驮着丝绸绢匹，奔走于崖谷之中。这些来往的商人，有深目高鼻、虬须卷发、头戴白毡高帽、身穿圆领长袍、脚蹬乌皮鞋的波斯人，也有浓眉大眼、高鼻多须、身披袈裟的西域梵僧。

唐王朝的对外贸易，经以敦煌为枢纽的西北陆路，由西域通往西亚、欧洲等地，通过闻名于世的丝绸之路，大量的丝制品和工艺品传至国外。在吐鲁番阿斯塔那墓葬中，发现过一帧高昌安西都护府牒，文中说到，在弓月城，也就是今天的伊宁附近，一次可取绢275匹。玄奘西行取经路过高昌，国王送与"绫及绢等五百匹，充法师往还二十年所用之资"。由此可以见得自此输

往西方的丝绸之多,无愧于丝绸之路的称号。

当时属沙州管辖的石城镇,就有康国人奏事的条文。沙州的西北部有一兴湖泊,也是胡商侨居的地方。在沙州城附近有一土城,是波斯的安息人和中亚安国侨民的居住地,故称安城。城内建有祆教的神庙,来往祭祀的西域商旅和当地百姓众多,教事兴盛。玄奘经敦煌西行取经时,曾有"商侣商胡数十"同行,印度无畏三藏到唐朝,也是和"商旅同次"。中外商旅往来的频繁,促进了敦煌作为国际贸易市场的繁荣。

之后更朝换代,几易其主,海上丝绸之路开通,明代封闭嘉峪关,敦煌的地位逐渐下降。

二十世纪初,敦煌地区的历史文化遗存遭遇了空前的劫掠。作为考古学家、探险家,他们中一些人的一些行为是有一定贡献的。但也有学者型的强盗,对这里的破坏、损害、劫掠是不应该宽恕的。

1905年,帝俄勃奥鲁切夫探险队首先至敦煌,盗走古经卷一批。

1907年3月,匈牙利籍英国人斯坦因,随带翻译蒋孝琬至莫高窟,经过三个月谋划,贿通王道士,盗走六朝至宋代经卷、写本24箱,计万余卷,另有佛像绣品及绢画500余幅,偷运至伦敦博物馆。

骑驼俑

1908年7月,法国人伯希和来到敦煌,又贿通王道士,盗走珍贵文物6000多件,并摄影数百帧,运回国内。次年,伯希和捡取少数经卷,在北京公之于众,中外为之震惊。

1910年,宣统政府学部命甘肃当局,将剩余残卷尽数运至北京。至此敦煌官绅上下惊诧异常,方知经卷之珍贵,争相捡取,共拿走约2000余卷。王道士又趁机暗藏了一部分。这样,启运京城的经卷仅剩8000余卷,王道士私藏的一部分又陆续让外国人骗买了去。

1911年10月,日本人吉川小一郎和橘瑞超来到敦煌莫高窟,先后四个月,从王道士手中骗买经卷469卷,彩塑两尊。

之后,白俄人的残部逃到这里,在洞窟中生火做饭,壁画被熏得面目不辨,他们还任意破坏,可恶之极。最后来的是美国人华尔纳,相见恨晚,用化学胶布粘走了唐代精美壁画多幅。

敦煌石窟,包括以莫高窟为主体的古敦煌境内的西千佛洞,今安西县境内的榆林窟,东千佛洞,小千佛洞,今甘肃北部蒙古族自治县境内的五个庙等石窟。在中国古代社会的大部分时期,这些石窟都在敦煌郡置范围内,其内容和形式同属一脉,被总称为敦煌石窟。

沙州古城遗址,在敦煌城党河以西,仅余土墩断墙,如今已经成了一片棉花地。汉武帝开通西域后,在这里设敦煌郡。公元400年,西凉王在这里建都,敦煌在历史上第一次成为国都。21年后,北凉王攻打此城,太守带兵坚守。北凉王围攻数月,损兵折将,遂下令在城东党河上筑起工事,拦聚河水淹城。太守随机挑了一千壮士,搭板为桥,偷偷潜出城外,意欲决堤放水,保卫城池。不料这一行动被敌军识破,壮士被杀死,城池终让水淹,太守自尽。西凉灭亡后,此城逐渐衰落了。

隋唐时期,此城仍是郡、州治所在地。安史之乱后,吐蕃乘

虚而入，占领了河西地区。沙州城被吐蕃重兵围困长达十年之久，终于弹尽粮绝，开城降番。又经过71年漫长的奴隶生活，敦煌首领张仪潮率众起义，驱逐了吐蕃，收复了河陇11个州的大片土地。之后，沙州城被西夏王攻克，统治了190年。明代后，此城被弃。

如今，作为敦煌八景之一的"古城晚眺"，以高大苍凉的城墩，向游人诉说着古丝路上的往事。

敦煌街景

七里镇

我们下榻在敦煌七里镇的石油宾馆,这里是青海石油基地,是一个据说有六万之众的小城。地处甘肃境内,与青海什么关系?原因是这里距柴达木盆地较近,油田的生活供给线只好利用这地缘上的优势了。

半个世纪前,石油人骑着骆驼从敦煌出发,闯进了有"死亡之海"之称的柴达木盆地。他们翻祁连,越昆仑,在广阔的不毛之地上,为缺奶的新中国寻找营养。四十年代末,几个有志青年进入

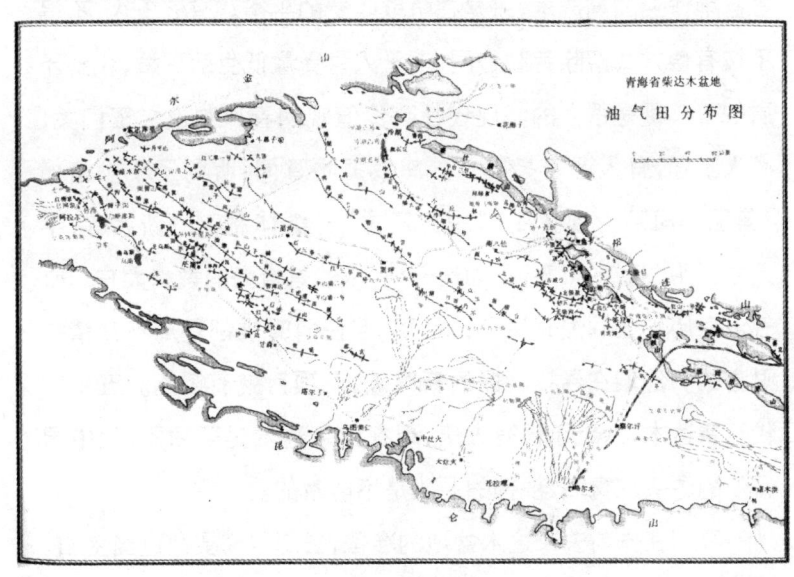

柴达木盆地图

柴达木探险找矿，发现了油砂山。裸露出地面的油矿，被过路的旅人、避难者和游移的牧人捡来作燃料，已经是很久很久的事了。

在柴达木躲过灾牧过羊的阿吉老人做了勘探队的向导，他似乎可以闻到石油和水源的味道，马鞭一指，前面就有油苗，就有泉水。一百四十个勘探队，几万人的帐篷城，当时的柴达木该是怎样风光的地方呢？有如当今的留学潮，柴达木是众多青年向往的地方。八个江南女子，失踪在沙漠的勘探路上，那里被称作了"南八仙"。在如今，她们也许可以成为日进万金的广告明星，成为留美博士，可当时的时尚是去最艰苦的祖国最需要的柴达木，她们去了，而且永远留在了那片荒凉又神奇的地方。冷湖、花土沟的兴衰，格尔木炼油厂的崛起，九十年代初几个亿的亏损，到与美、意合作，这个功勋卓著而又历经艰难的"老油田、苦油田、小油田、好油田"，在新世纪开始了第二次创业。

在这个石油小城里，管理者们背着半社会支出的包袱，支撑着盆地作业的高成本，只是在争取收支的平衡。有五千人，不得不按有偿方式解除劳动合同，上千人享受最低生活保障，化解矛盾的工作量是很大的。现代社会价值观的春风吹过了玉门关，有人坚守，有人远走高飞了。恕我孤陋寡闻，听到了不少诸如"集团公司""存续企业""甲方乙方"一类体制上的新名称，半天才搞明白。多年来，石油这一块，依然是青海的税利大户。心气没有历史上辉煌时期那么足了，但任何时候都是离不开精神财富的。他们在寻找勘探的新突破，有项目就有饭吃。五十年代有柴达木，六十年代有大庆，现在的柴达木是落后了，但中国石油的源头在青海，精神的源头是不能断的。

我们在作前去柴达木盆地的准备，去那里需要翻过当金山，盆地也有高原缺氧的问题。经过医院查体，同行的李老的血压上升到了一百至二百，看来是不敢让他翻高海拔的当金山了。小路从这里返回北京时，拉住李老的手幽默地说，去不去盆地，您还是要听党的话，听医生的话。阻止他去盆地，这话谁也不好说，只能由医生和油田领导来决定。他几乎是在央求那位年轻的女医生，试图说服油田领导和同行的我们，说他的身体是完全适应柴达木的，柴达木人能适应他就能适应，不适应也应该学会适应。

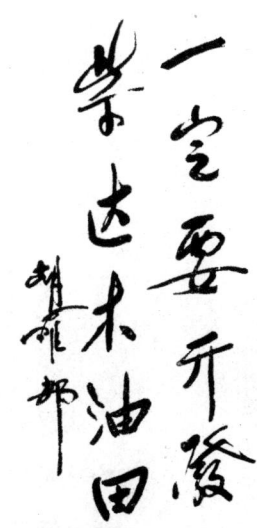

胡耀邦题词

休息了两天后，他的血压仍未能降下来，反而又增加了"窦性心律不齐，慢性冠脉供血不足，较前加重"的症状，医生请组织"阻止该同志到高海拔地区"，他自己也只好妥协，让我们一行出发。他说，看来年轻就是好啊！难道说我再也进不了柴达木了吗？上一次不是很顺利地进去了吗？上一次是什么时候，已经十年过去了。我们说，不是再也进不了柴达木，以后可以坐飞机进去，也可以六进、七进甚至于十进柴达木。这话多少有点诳老人的成分，年纪不饶人，难道说就这样让他死了这个念头？我们也感到不忍心。

油田的人说，去年有一位老石油领导，比李老还年轻一些，也是执意要回柴达木看看，没翻过当金山就休克了，当时请专用飞机送北京抢救，花了三十万才保住性命。他们也的确是怕了。

李老很动感情，他说，我多年来非常怀念柴达木，眼看到了它的面前却不能去了，这是不是有点太残忍了？人最初的一步很重要，1954年的那次选择，让我爱上了柴达木，这便成了我永远的情结。柴达木曾经令我感动，也令世人感动。和柴达木人在一起，我自己也感到崇高了。进不了盆地，真是太遗憾了！

玉门关

秦阙汉关今犹在，张骞李广俱往矣。

吟凉州词，唱渭城曲，重走阳关大道；

听大漠风，望祁连雪，又回故郡敦煌。

这是进入玉门景区大门上的对联，斗大的字，让旅人足以感受到扑面而来的历史气息。说是大门，只不过是摆了一副道貌岸然的架势，以此可以收取银子。广袤的戈壁大漠，不见寸草，何况人烟，来此消费的只有类似我们这样的访古者。当地的牧人会说，一个破旧的土囹囵，大老远地跑去看，不是吃饱了撑的就是有病。我们不一定能说过他们，我们大多营养过剩，患有城市病，不是吗？

景区有门当有墙，可墙在哪儿？谁有能耐在茫茫的荒野里重新修筑一道长城？一是所谓旅游开发，二是急功近利的发财梦，三是应付这天下独一无二之宝地的观光客。除此之外，没

汉玉门关

别的了。这是当今旅游风潮的造化,富丽豪华的博物馆往往不如此类文化遗址有优势,人们要看的是原创,而不是人为的再造。时下的开发,往往又失去了保护的意义,甚至是破坏性的。

出敦煌向西已经有百十公里了,满眼依然是黑沙漠、黑戈壁滩。也许是常年的风沙掠走了粉尘状的细沙,留下了粗粒的黑色砂子,保护着薄壳下的黄沙。黑砂粒似乎有碱性,要么就是风里带来的碱味,让它结出了一层薄茧。风在耳边呼呼的刮,黑色的大地却不动声色,像一位披着黑纱的女子,冷静而漠然。渐渐地出现了土黄色,我们看见了前面沙丘上高耸的方形土堆,想着便是玉门了。

阳关

史称"两关"的阳关和玉门关,在汉敦煌郡龙勒县境内,南北相距八十多公里,成犄角之势相互掣肘。它曾是汉魏王朝西域大门口的一对雄狮,望尽丝绸路,也望穿了凋零的悲风惨云。阳关以"山南水北为阳"的方位法则,因在龙头山之南故名,今只空留一座烽墩。玉门关则设在这茫茫戈壁滩上,因西域和田的美玉由这里进入中原故名,关城墙垣是用黄胶土版筑而成,俗称"小方盘"。

书上说,关城北坡下有一条东西走向的车道,便是当时的通途。长城在沙海里犹如游龙,烽燧土墩远近错落,曾守护着中原大地的安宁。汉朝先后修筑了秦长城以西的永登至酒泉长城,"酒泉列亭障至于玉门"的河西长城,敦煌至盐泽以及涉至罗布泊、居延海的丁字形长城,"昼举烽,夜燔燧",传警报信,相望不断。"有日云长惨,无风沙自惊",是眼前的风景。

有一石碑上刻着"玉门关"三个字,让我们的心里踏实了。周围设了铁栅栏,不容靠近。透过土墩墙上的一孔方洞,可以看见内部的瓮城格局。它早已失去了楼阁和砖瓦,裸露出干打垒的土基墙垛,或者说锦衣不再,血肉不再,只有一副不朽的骨头了。其墙体残缺不全,有的地方如雅丹地貌,归于自然的形态。人类文化的痕迹,在风吹日晒中渐渐褪色。

向西北方向望去,是一道宽阔的河川,白色的芦草波浪一样翻滚。

玉门关秦长城遗址

小方盘

　　站在玉门关遗址的土墩前,让人不由得想咏唱那首豪迈的诗:"青海长云暗雪山,孤城遥望玉门关。黄沙百战穿金甲,不破楼兰终不还。"还有那首连三岁孩子也能背诵的"黄河远上白云间,一片孤城万仞山。羌笛何须怨杨柳,春风不度玉门关"。而又有谁会和我们一样幸运得以亲眼目睹一回玉门关?

作者在玉门关

　　李白说,战争未结束,士兵们不能进入玉门回家,闺中少妇

为思念亲人而叹息。班超半夜里在军帐中的烛光下独坐,所想的就只是一个心事,那就是活着进入玉门关回到故乡。当年汉武帝命大将出西域取名马,生还玉门者十有一二,又增兵六万,杀了大宛王,得名马数十匹,生还玉门者仅有一万多人。古来征战人未回,如果说能够活着进入玉门,那真是九死一生,命大福大!

一百多年前,那个叫橘瑞超的日本探险家经过玉门,说是在遗址东北有个卡合淖尔,它承接了疏勒河水,进而把它送到了西边数公里外的戈壁地带。沙漠喝干了它的水,玉门关遗址就在那河尾梢的南岸。其西南边是连绵的沙丘,有时被盐碱沼泽切断,周围长满了红柳等植物。

离开土墩子,沿着长满一坨坨骆驼草的斜坡走去,是一些饮料包装、酒瓶、烟盒、烂鞋之类垃圾。人的脚印和气味消失了,这些消费品的壳儿却不容易腐烂,会在若干年之后也成为文物吗?我在一旁随手捡了一块小瓷片,不会是现代的物品,会是什么人留下来的呢?粗瓷上古旧的黄釉,仍让人感到它的美观。我想,要是能在这里捡到一小块和田玉该多有意思,它也许是哪一位妙龄女子从昆仑雪水的河流中捞出来的,被贩玉的商人遗落在这儿,这便是千古的对话了。

整齐的河岸上长满了没膝高的草丛,一撮一撮的,纵横成行,好像是人造的,但自然形成的可能性大一些。偏黄的叶片,坚韧的枝条,沿河岸一直伸展到沙丘脚下。下到河边,波光粼粼的清流变成了白色的碱壳,用脚踢它不动,却印满了羊蹄,还有羊粪。水很小,汩汩的有波纹,似流非流。掬一捧凑到唇边,极凉,苦不堪言。河床上下,围绕水泊形成了高高低低的草甸子。

河对面,是黑砂覆盖着的茫茫的沙山。拐回土墩的小路上,看见几处羊圈的屋基。

这里除了我们一行,没有见到一个人影子。其实,我们正是踩在了古道之上,从沙丘形势还可以看出沉睡了的古道的走向。

河仓城

丝绸之路档案

西出长安望葱岭

阳关

路是天然的沙路,平展展的,把我们引向西去。约莫一个多小时行程,我们看见了类似玉门关垛墙的一道土墩,断断续续向前伸去。司机师傅说,那是汉长城,可以沿着它走到阳关。俗话说"阳关大道",当时的阳关大道宽三十六丈,畅通无阻,前途光明是也。

王维说"绝域阳关道,胡烟与塞尘。三春时有雁,万里少行人",眼前的情景与诗境没有区别。"安西虽有路,难更出阳关",别说是秋高马肥时有胡马入侵而不愿西出阳关,即使在这和平的日子里,又有多少人情愿在这广漠的世界中跋涉呢?

我们脚下的阳关大道,却是通向魔鬼城的。沙漠戈壁滩的黑色,渐渐地包围了我们,似乎来到了另一个星球。终于,雅丹地貌的奇观出现了。它像黑色海洋上的一艘艘大船,奇形怪状,停泊在黑色大地上。

在人为的设施前,我们的车子被拦住了。前边拉了一条铁链,算是大门。穿旧式治安服装的人大声吆喝着,是说外来的车子不准入内,得换乘管理部门的专用车去游览,当然,费用是少不了的。经交涉,交了一定的费用,拦路的铁链放下了。一旁的收费管理部门,是在雅丹地貌的土崖上挖了洞,在里面居住的。

作者在阳关外

是近水楼台,也是修旧利废吧。治安人员大声警告我们,不许攀登,违者如果被捉住,罚款五千至五万元。

　　进入胜景区,酷似狮子的土墩叫金狮迎客,形同孔雀的叫孔雀开屏,可以想象猴、马、猪、羊诸动物和塔、屋、楼、阁等建筑。走近了,是黄沙包,细如黄土黄泥,凝固成一层层极密的书册。岩块很脆,手一捏便碎了。但它为什么会经历漫长的历史岁月而存在,为什么耸立在这黑色戈壁滩上?这是地质学上的秘密,也是人类文化学的资源。人们称它为魔鬼城,无非是说它的奇异,人在其中容易迷失方向,让所谓魔鬼捉了去。

　　也许就在眼前这片戈壁沙漠里,玄奘西行的脚步为难了。随从的两位小僧中,道整已经回敦煌去了,只有体弱多病的慧琳在旁,已经不堪长途跋涉了。于是,玄奘将他也遣了回去。因苦于没有人引路,玄奘只有在弥陀像前祈求,愿得一人相引渡关。

　　也就在这天夜里,有个叫达磨的胡僧,梦见玄奘坐莲花向西

阳关

行去。达磨觉得奇怪，第二天早晨即告知玄奘。他听后当然窃喜，以为是西行的佳兆。正好也就有一胡人来见高僧，请受五戒，并携来许多饼果，供养法师。玄奘见他面貌恭敬，体格健壮，便明确告知西行之意。胡人即慷慨允诺，愿意护送高僧渡过五烽。玄奘当然大喜，约定次日黄昏时分在城外草丛中见面。第二天，那胡人来了，而且带了一位胡翁，并带来一匹既老又瘦的马相随。

胡人对玄奘说，这位老翁非常熟悉西行的路，曾先后往来伊吾达三十多次。有关西去疑难问题，不妨请问于他。胡翁先开口说，西行的路险恶无比，沙河之阻碍暂且不论，最难耐的是鬼魅热风，遇者无一幸免于难。就算是徒侣众多，也会时常迷路，何况一人独行，成功之希望非常渺茫。但玄奘却毅然表示，只要为求大法，纵然死于中途，也在所不辞。胡翁见玄奘意志坚决，就说，高僧若是决意要去，请一定换乘这匹马，别看它又老又瘦，它可真是识途老马，并且稳健有力。玄奘回忆起从长安出发时，曾有一预言家为其占卜说，他将乘一赤老瘦马西行而去。如今果然吻合。

我徘徊在空阔的天地间，想着这远古的往事，心里一阵悸动。

地面上的黑戈壁滩，在阳光下闪着星星点点的眸子。黑砂石少有比拳头更大的，它们被风揉搓得光滑细腻，攥在掌心似有一种亲切的肉感。这里是魔鬼之境，更是大自然的幽境，也是通人性的别一种精神愉悦的天堂。

回来的路上，我们在一片宽阔的湖水边歇息。这是敦煌的南湖，又名"阳关水库"。汉朝时，这片水洼称渥洼水。说是南阳有一个叫暴利长的官员,因犯罪(也许就是腐败)被发配至此屯田劳改。他看见一匹神骏的野马常来饮水,就生出一个心眼来。他先是用泥塑了一个执套马杆的假人,立在水边麻痹野马。有一天,他代替了假人,套住了野马。他骑了野马,一天工夫就奔到了四百多公里外的酒泉,而后将其献给了爱马的汉武帝。他还说它是从渥洼水中出来的,神乎其神。汉武帝以为是祥瑞,命人作了《天马歌》祭奉天地。当然,我想捉马的人因功赎过,一定被平了反,或重新被委以要职了吧?

"天马初从渥水出,郊歌曾唱得龙媒。不知玉塞沙中路,苜蓿残花几时开。"望湖兴叹,波光无语,我在湖边的芦苇丛中,没有寻到一株苜蓿的影子。开紫色小花的苜蓿,我自小在乡下就熟识的。

阳尖·遗迹

鸣沙山

从天然的沙石世界走进敦煌石油基地的科技创业中心,感觉又回到了现代。沙子是细微的,而雄踞在大厅门口的油砂体,足足有七吨重。据说它是从柴达木盆地的油砂山上取来的,它让人们看到石油涌流的希望。矿石样品中,有石英、煤、盐、碧玉、铜、菱铁、泥晶金、锡、铅、锌等,是从祁连山一带采集来的,呈现出大自然的五彩斑斓。沉积岩盆地,陆相盆地,海相地质露头,河流相,海陆过渡相,洪积相,沼泽相,在揭示地质史的秘密。还有什么珊瑚化石、叠锥、油浸砂岩、粗晶灰岩、燧石、片麻岩、天青石……你好像进入了一个地质学的迷宫。这是人们认识和利用大自然的功课中一个解剖陈列室。

午时,天色尚好,我们去了鸣沙山。敦煌的天边,尽是波浪般起伏的沙山。静的时候,波浪凝固着,它是一尊巨大而柔软的砂器。动的时候,波浪活了,蒸腾着漫无边际的沙尘。我们在宁静的阳光下来到鸣沙山,才知道它与周围的沙山是不一样的。

进了山门,一边是电瓶车,一边是骆驼队,工业文明与游牧文明对立而和谐,将游客送到万丈沙山的怀抱中去。游客中日本人模样的不少,他们从花花世界来,偏偏选择了古老的驼队。选择电瓶车的则是周围县城来的年轻男女,他们对骆驼已没有多大的兴趣。两边的生意都还好,游客的不同身份自然地平衡了这里的运输市场。驼队有数十上百峰骆驼,它们或立或卧,表情木然地反刍眼前的一切。它们失去了远途的心情,说是休闲也是劳苦,漠然中显得宽宏大度。驼鞍是用木棍架垫了棉毯做成的,有拱形铁扶手,两边有蹬子。鞍上一律编了号,有的骆驼在头上、屁股上被烙了印子。骆驼记号不同,各有各的主人。男女老幼,有戴遮沿帽架金边眼镜抽烟的老汉,有裹着毛巾戴着口罩打毛线的妇女,有聊天或打瞌睡的牛仔青年,但谁心里都明白各人排在什么位置。一有游客来,他们便动了起来,按顺序往前挪。有的骆驼系着驼铃,铜焊的筒子,木质的铃锤,摇晃起来发出叮咚的响声。嚼子是木的,一头箍定,然后穿过鼻梁,一条长长的缰绳牵在驭者手中。

作者在鸣沙山

我们选了一头高大的系着铃铛的骆驼,主人是一位扎裹腿的老人。他吆喝着"蹴!""起!"骆驼先是屈了双膝,跪了前蹄跪

鸣沙山

后蹄，身子落差很大。游客上下驼背，骆驼就得卧倒站起，大软蹄掌与小腿之间看来就要断折了似的。从山下到鸣沙山怀抱间的月牙泉，一驼一来回六十元，一小时有几十峰骆驼上下山。一颠一颠的，有高高的在摇篮中的感觉，在沙山间勾画出一幅活动的风景。骆驼在跋涉中，时而发出"哞哞"的叫声。主人说，它发火的时候会朝你吐唾沫，染到皮肤上会长癣。要是有车子从身边过，它会蹦蹦跳跳，把人甩下来。我们雇的骆驼，值三千多元，只有九岁。如果坐电瓶车，一趟十块，便宜多了，但对远道来的游客来说，穷家富路，宁愿骑骆驼的好。

古刹

我们陪李老在沙山下骑上骆驼，攀上了黄亮亮的沙丘。近五十年前，他是这样行进在柴达木的戈壁大漠上的。再往前推，六十多年前，他从泾阳老家投奔延安，从一个孤儿变成了一个战士、一个作家。他曾经在延安城边看到的骆驼是这样的吗？那驼铃也是这么叮叮咚咚响吗？

月牙泉

起风了，很冷，得背过身子抵御寒风。盘旋少时，我们来到了沙丘后面的一片绿洲。山谷间的一处开阔地中央，一幢楼阁，一弯池水，当是名气不小的月牙泉了。

汉武帝赏识的天马，传说是渥洼水边捉来的野马，渥洼水一说是今天的南湖，一说是眼前的月牙泉。"渥洼""月牙"，发音相近，有人说是把"月牙"讹传为"渥洼"了。渥洼水边草色连绵，但水质混浊不清，天马饮水是要翻山越岭来这里的。往返一次百余里，只是一顿饭的工夫，不然怎么能称为日行千里的良马呢？汗水如血，唾沫发红，毛色如虎脊，迅疾若鬼神，天马在汉乐府中被神化了。

眼前有几只小鸟，在月牙泉边戏水，啁啾着掠过宽阔的河谷。

我没有走近，只是站在远一点的地方，把视野移向了高得让人能掉了帽子的沙山之巅。那里有几个勇者，看去是几个小黑点，从近似笔直的斜坡上滑翔而下，有的滚翻了，继续向下滑动。上行是艰难的，下滑也是不易的。更多游客是借助半山腰的设施下滑的，那里排着队，很规矩，很安全，少了风险也少了痛快。

在鸣沙山，说是能听见沙鸣。我也许是因为没有去做下滑

的游戏,便没有听见那神秘的沙子的歌唱。我只是听到了耳边呼呼的风声,冷得缩起了脖子。轮流下山的驼队,整齐地卧在那里,作昂首状,像是沙海港湾里的船。在这里,想看见一匹真实的马,没有。

鸣沙山月牙泉

人说自古以来"沙泉共处",沙不填泉,泉不枯竭,山有鸣沙之异,水有悬泉之神。科学的解释是,这里有地形面貌的独特,形成了山与泉矛盾而和谐的天然共存状态。泉水前后的两山,在西边是连为一体的,但在山势最低处形成了一个缺口。泉水东北边有一宽阔的大缺口,成了一个大风口。黄沙进入大风口后,在特殊地貌的制约下,又分别形成了三个不同的风流,沿泉水周围的山坡作离心上旋运动,把流沙刮上山顶,抛向山峰另一侧。月牙泉边,每有流沙滑下,便被吹向山坡。这就是沙不填泉的奥妙所在。

回来路上,有人买了驼铃,在车子的摇晃中叮咚作响。

我们进了敦煌城里一家驴肉黄面馆,肉很丰盛,黄颜色的面是说掺了沙蒿或豆类杂面,吃起来很香。满脸的风沙,饥肠辘辘,来二两白酒,驴肉黄面自然是合胃口的了。

敦煌黄面是一道名小吃,面条细如龙须,长如金线,柔韧耐拉,煮熟后调汤或加菜食用。制作黄面的工序与兰州拉面差不多,只见几斤重的面团在手里飞舞旋转,变戏法似的。莫高窟的壁画上,就绘有制作黄面的情景,可见其历史久远。

在门口街头买了一包葡萄干,三十多岁的女卖主说,葡萄干是从新疆进的,当地的还要晚一些时间。她说,你们是拍电视的吧,我能当群众演员,上次在一个电视剧里干了几天,一天给五十块钱,比摆摊强多了。

汉代渥洼水

丝绸之路档案

西出长安望葱岭

阿克塞

一大早,我们乘坐的"沙漠风暴"牛头车就出发了,直奔当金山外的柴达木盆地。

出敦煌城不远,有一座"敦煌故城",有城堡楼台,说是日本人拍电影时修的。拍完了想把它卖给主人,要价不低。主人说,我们不要,请把它搬走,要保护沙漠的自然环境。日本人没占到便宜,就这么丢下一座假文物。

横在前面的一座小山,人们叫它佛山。山形如佛,在侧卧着,头枕一泓清波。佛的胸部,是自古留下来的烽火台,今日在同样位置耸立起了微波塔。古今传递信息手段的变化,真是让人感叹不已。清水是当金山的雪水,古称党河,在这里迂回流淌,形成美丽的湖泊。是它交给了沙漠这一片绿洲,以及历史的传说和现在的风景。

阿克塞是当金山下的一个县城,居住着哈萨克族农牧民。它是陇西最边缘的一个县,当金山的另一边也有几个牧民乡。在地理区位上,它是当金山白雪皑皑的怀抱中的一个宠儿。旧城在近山的冰坂之上,已经变成了废墟。新城下延了几十公里,新房子盖了不少,街市洁静,完全是一派现代景象。周围的戈壁滩上有一片片草地,放牧着牛羊,时而有几峰骆驼在漫步。

哈萨克族是一个跨国民族，从公元前四五世纪，伊犁河流域和伊塞克湖边就活动着许多民族，其中有塞克、月氏、乌孙、匈奴、康居、西突厥各部。后来，西突厥统治

作者在阿克塞

了这一地区。十三世纪，蒙古人西征后建立了白帐汗国，发展成了强盛的乌孜别克汗国。之后，其中一个部落东迁楚河流域，是为了摆脱压迫而出走的，所以得名"哈萨克"，意为避难者或勇敢自由的人。到十五世纪，哈萨克人口增加至一百万，汗国的疆域扩大到中亚的塔什干等地。之后准噶尔一度控制了哈萨克，清朝政府允许处于弱势的哈萨克到阿勒泰、塔城、伊犁一带放牧、贸易。

1884年，沙俄割占中国西北边疆的野心终于得逞，迫使清政府签订了《伊犁界约》等多项勘界议定书。被划入沙俄的哈萨克人誓死不为其臣民，许多部落陆续离开原来牧地，回到中国界内游牧。

甘肃境内的哈萨克族据说仅有三千多人，主要居住在这里。二十世纪三十年代，新疆巴里坤一带的哈萨克族先后有三万多人经安西迁往酒泉、玉门、都兰一带游牧，后来一部分回到新疆，一部分留在了青海和甘肃。他们备受战争的苦难，没有家园，被四处驱赶。游牧于河西走廊西端一带的牧民，到五十年代只有

阿克塞

一千多人，便定居于阿克塞大草原的当金山下，结束了世代漂泊流浪的生活。这里水草丰美，是一块天然牧场。

哈萨克人的服装多为皮革制品。男人裤子肥大，便于骑马。妇女多穿袖口镶花的百褶连衣裙，脚蹬长筒皮靴。已婚妇女披绣花巾，老年的披白的或黑色的，姑娘则披戴圆斗形绣花帽，缀有彩珠，插上鹰毛缨子，十分漂亮。

其饮食以肉食和奶制品为主，也经常吃大米、胡萝卜、抓饭和饼馕。马奶酒和砖茶是他们每日必喝的。

他们能歌善舞，"骏马和诗歌是哈萨克的两只翅膀"。赛马、叼羊、姑娘追、马上角力、摔跤，是他们喜欢的文娱体育活动。

我们在通往旧城的岔路口停下来，眼前是雄壮的雪山，身后是渐渐走低的透着绿色的戈壁滩。长长的黛色公路上，一个个小黑点由远而近向山下蠕动。这里昨晚下了一场大雪，道路泥泞，结冰的路面在阳光下化成了无数小溪，寒气在耀眼的光芒里仍然咄咄逼人。很少有从山里出来的车从眼前开过，山上的雪可能已经封了路面。护路工的橘红色衣服在雪境中鲜艳夺目。

再朝前走，到了当金山口。这里是唐朝称为"匈门"的军事要塞。匈门，一定是匈奴出入境的地方，历来还有什么史迹，不得而知。路边有几间房子，旁边是断墙残壁，已没了油田驿站的样子。土坯垒的墙壁，顶着白雪，墙面被阳光照得黄黄的暖暖的。旁边长着半人高的苇草，是从当初主人柴米油盐的生活气息中生出来的。

听见了犬吠声，从冒着炊烟的屋后走出一个抱小孩的年轻女人来。她走到前面的小路旁，向河沟里望去，一群羊正漫上河岸，后面是穿靴子戴皮帽的牧羊人。他们大声喊着话，可惜我们听不懂,猜想是说饭时到了。有一只花翅的鹰俯冲下来,在河谷间画了一道弧线,轻轻收拢翅膀,落脚在一处尖尖的山岩上。

　　牧羊人走近了,从女人怀里抱过孩子,用手揩了揩孩子的鼻涕,朝家走去。那女人则吆喝起羊群,向一旁的圈里赶去。有一家清真招牌的小吃店,飘出诱人的香味来。门口停着几辆油罐车,有人在里边正吃得香呢!

作者在当金山下

阿克塞

当金山

  入山口后,阳光下的溪流在积雪中流淌,一派白色中是绿色。有羊群从河滩上走过,显得比白雪要灰一些,羊蹄像车辙一样印在雪地上。只有一匹马,孤零零的在河边吃草。山坡上出现了一顶帐篷,蒙古包的样子,一只犬卧在帐篷旁,边上晾着几件衣服。还有扎的布人儿,司机说是用来吓唬狼的。

  前面的一处开阔地,雪地上露出绿草,一群马在悠闲地吃草。牧马人抱着鞭子,戴一顶尖尖的帽子,皮大衣包裹得严严实实的。护路工中有男有女,柏油燃烧着,沙子被融化了。

  从山口到山巅,沿途陆陆续续有抛锚的车辆,有人在垫沙子,有人在等待冰雪消融。货车上多是重载的石棉或石油器械,也有小车和面包车。我们的"沙漠风暴"牛头车,全然不顾路面上的情景,一往无前,令旁边抛锚的车望尘莫及,投来羡慕的目光。

  车到当金山顶,四峰峙立,让出一条浅浅的峡谷,供车辆通过。山峰的形状有点像埃及金字塔,一层层石阶很有规矩似的通向山顶,自然的造化似比人为的东西要生动得多。天上出现了少有的几朵白云,天瓦蓝瓦蓝。这里是分别流向南北的两条河流的发源地,冰坂开阔,拥簇着最高的雪峰。

当金山

　　平缓的山顶路面,在没有觉察时已经由上坡变成下坡,面南的山体渐渐消融,峡谷也开始狭窄了。在前面的视野里,是一望无际的盆地,黑黝黝的,笼罩在薄薄的雾霭里。

　　这便是柴达木,一个神秘的所在。

　　柴达木,由蒙语"盐泽"而得名。有戈壁砂砾,有丘陵和盐壳平原,东南部主要是盐湖沼泽。"南昆仑,北祁连,八百里瀚海无人烟",所说的正是柴达木盆地。

　　这里在周代是西羌驻牧之地,后被鲜卑族吐谷浑占据,唐代以后为吐蕃所并,清朝有蒙古八旗驻守。历来的交通工具,主要是骆驼、牦牛、马、骡等畜力。

　　在这平坦的戈壁滩上,车行一百公里是不用拐弯的,眼前的黛色利箭不知疲倦地向戈壁滩的心脏射去。见不到一棵草、一个人影子,富有的是一片宁静和荒凉。

当金山

丝绸之路档案

西出长安望葱岭

墨离海

眼前一片湖水是有典故的,它已经瘦了,绿绿的芦苇围成一条美丽的项链。这片湖水如今叫苏干湖,在唐代时称墨离海,多有诗境的名字!

一百多年前,在敦煌莫高窟密室中发现了一大批宝藏,可惜的是有不少文化艺术的珍品散落于二十几个国家。仅俄罗斯圣彼得堡,就珍藏着敦煌文献一万两千多件,相关的黑城文献九千多件。在这洞藏宝物中,有不少唐代的诗词。其中一首《菩萨蛮》说"敦煌古往出神将",说的是抗击吐蕃的唐将阎朝,他杀死了企图弃城突围的上司,率领军民死守敦煌城十年。由于弹尽粮绝,只好向吐蕃提出了投降条件,不将城内部属押解到其他地方去。城下之盟,能有多少可信的东西? 后果可想而知。

在洞藏文物中,发现的另一本唐人诗集,抄有几十首诗,都是《全唐诗》未收入的。诗集是两人合集,一位是马云奇,另一位是毛押牙。作者当然是业余的,马是关中人,毛是内蒙人,二人皆在唐军中当差,于敦煌陷落后被俘。二人被沿不同线路押解至今天西宁巴多镇的临蕃城,恰好在祁连山两侧画了一个圆,其中毛先生历时一年零八个月。二人在此结识后以诗往还,便有了这本传奇的诗集。囚徒之悲苦,凄清中的自然景色,当是泣

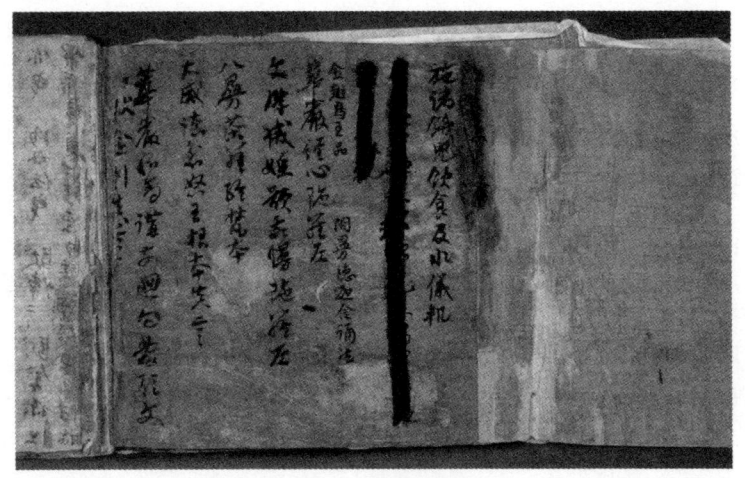

唐三十册帖子

血之作。

毛先生是从敦煌向南,经今天的当金山口的匈门抵达苏干湖的,当时称墨离海。在离开敦煌城,西行至匈门前时,落为唐俘的毛押牙一边走一边琢磨诗句:"西行过马圈,北望近阳关。回首见城郭,黯然林树间。"腹中诗书,让身为囚徒的毛先生犹如山中宰相。而旅途上,每一步都带着诗人的悲愁,越走越远了,恐怕只有在梦中,才能回到思念的地方。他离开墨离海后,又经大柴旦即西门,在格尔木折向东行,经青海湖边的黑马河、倒淌河至西宁多巴。

这正好是我们这次原计划要去的线路,线路上也是石油人的柴达木情结中的地名和山川形势。但一代石油人和我们不是俘虏,而是开拓者,毛押牙的壮怀激烈为这一带山川景物增添了无尽的精神内容。他的思情,让缺乏生命和人烟的盐泽戈壁有了永不消逝的灵魂,先行者的人格魅力是令人震撼的。

作为一种民族精神的源流,这千年之后出土的诗人之作,陈年老酒一样让人在陶醉中想笑也想哭。

墨离海

唐人毛押牙在作为俘虏途经墨离海时，写了一首诗给他敦煌的知己："朝行傍海涯，暮宿幕为家。千山空皓雪，万里尽黄沙。"西行路上，朋友越离越远，而吐蕃的习俗越来越多，回望故地，只能独自流泪。周围已不是大唐的边疆，而是异域的雪原，白昼短促，长夜难眠，拘留在此，是一天比一天老了。

他在墨离海附近待了不少日子，从冬天到来年夏天，都是在此度过的。夏天也落雪，海水阴晦，这恐怕是真实的气象记录。云愁雾不开，其实是诗人的心境所致。

后来，他离开这里继续南行，到了格尔木驿站待了一年左右，秋天到达黑马河，经青海湖边，抵至西宁附近的临蕃。从敦煌到那里有四千里路，走了两年多，到头来还是逃不了被监禁的下场。如果能变成一只自由飞翔的乌鸦也好啊！有谁念及你的一片凄惶心呢？

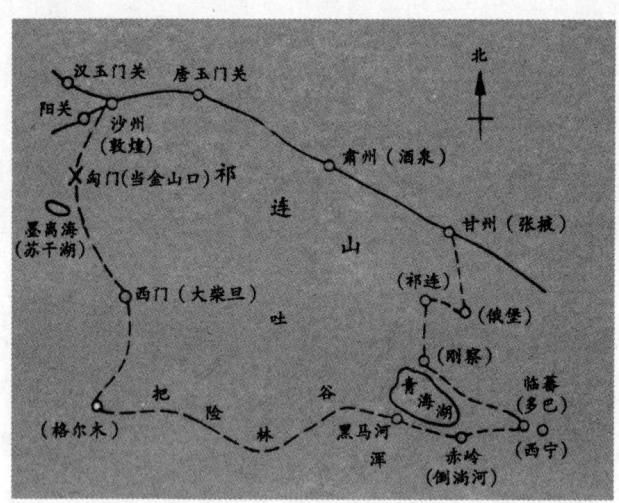

唐俘毛押牙和马云奇路线图

次年春末,囚禁在吐蕃的唐俘被放归沙州,毛押牙却不在此之列。他有恨久囚:"人易千般去,余嗟独未还。空知泣山月,宁觉鬓苍斑。"之后,他结识了在押送中殊途同归的马云奇,有机会一起酬唱诗篇,该是一件愉快的事。他们说到投降匈奴的汉将李陵,说到苏武,从中排解相同命运带来的郁闷。

据说,毛押牙后来还是被释放了。马云奇有押送途中忆女儿之作:"发为思乡白,形因泣泪哭。尔曹应有梦,知我断肠无。"他说,我的眼泪滴到了东流的湟水中,但愿它把我的思念带回长安。

眼下,墨离海一带的海市蜃楼在不厌其烦地推销它的产品,我们已经领教过了,只是把它当成大自然的朦胧诗和抽象画看罢了,如果当真,你就是傻瓜一个。

当金山的雪峰远去,祁连山的雪峰又远远的陪伴在左右。近处的则是黑砂山的群峰,一直伸展到天边去。

骑马武人俑

冷湖

午后时分,我们来到了柴达木盆地东部边缘,在一个叫冷湖的地方歇下脚来。不到半个世纪前曾经名扬天下的石油基地冷湖市,今日只是一个冷落的小驿站了。

从地图上看柴达木盆地,它居于祁连山、阿尔金山与昆仑山之间。我们是从阿尔金山的东部豁口进入盆地的。唐代诗人毛押牙笔下的墨离海,今天叫苏干湖,附带一个小苏干湖。快到冷湖的途中,道路分为两岔。一条沿山北过牛鼻子梁,在大凤山与经冷湖直穿盆地的路线合拢,到达盆地西部边缘的茫崖。另一条路线,是沿阿尔金山南麓由东至西,在索尔库里进入盆地西北角,连接到尕斯库勒和茫崖。由此东去格尔木的路,则是沿昆仑山北麓一路而下的。

柴达木盆地东西长约 800 公里,南北宽约 300 公里,海拔 3000 米,是罕有人烟的戈壁瀚海。这里温差大,从零下 30 度到零上 70 度,这是一个什么样的概念?年日照量仅次于西藏,居全国第二。它的矿产资源丰富,除石油和天然气外,钾盐、铅锌和石棉等多种矿产,使它素有"聚宝盆"之称。

西羌部落早在周代就驻牧于这里。公元初年,王莽曾设西海郡于今天的海晏县三角城,柴达木属该郡所辖。鲜卑族吐谷浑乞汗在西晋南北朝时期进入盆地,因受到北魏西秦的进攻,常退守柴达木盆地南缘的白兰一带自固。隋炀帝曾击败了吐谷浑。隋末乘中原大乱,吐谷浑又复居故地。直到唐高宗时代,吐谷浑才内迁随唐,盆地成了吐蕃的领地。宋朝属河湟西翼。元代位于甘肃省与察合台汗王封地。明代西宁地区的曲先卫和安定卫,大部分是在今天的柴达木盆地。也就在明崇祯十年,即1637年秋末,游牧在新疆一带的蒙古卫拉特四部中的和硕特部首领固始汗,率兵自乌鲁木齐南下青海,驻兵于今天的乌兰县博浪沟一带,后占据了青海。柴达木,清代由蒙古八旗驻守。之后,这里归乌兰、都兰、天峻以及乌图美仁、唐古拉山地区,蒙古族、藏族大都信奉藏传佛教,哈萨克族信仰伊斯兰教,从事牧业,兼营农业。

"英雄地中四"纪念碑

冷湖是柴达木的重要城镇,1958年发现石油后曾经建市。资源逐渐萎缩后,石油上现在只有三百多人在这里,改为镇的当地政府的消化能力显然成了问题。原来的外国专家招待所,成了今天的公寓,倒是没有丢失其阔绰的架势。我曾在西安和海南结识过青海人,知道他们原先住在冷湖,说那里没有草,没有树。当时我是难以想象如此情景的。今天我来了,站在冷湖小镇上,是感受不出它昔日的庞大和繁华的。

勘探队员

　　主人说,前些日子从哈佛大学回来两个教授,他们原先是冷湖的技术员,在这里恋爱结婚的,如今成了气候,却大老远回来看他们曾经住过的土屋。我们也去看了这座土屋,只是几堵土坯墙,被完全湮没在绵延的残垣断壁之中。它的喧哗,它的温暖,已经交给了那些火红的岁月。搬迁之后,来自当金山外的拾荒者又清理了一次物什,甚至抽光了墙中的钢筋,发了一笔财。有不少冷湖人,永远被挽留在这荒凉的戈壁滩上。不远处有一块墓地,黑压压的碑石墓冢令人不寒而栗。主人说,这里气候干燥,尸体不容易腐烂,顶多成了木乃伊,灵魂也一样不会消失的。有的冷湖人,即使死在异地,也愿意把骨灰洒在这青春的故乡。

每年清明节,都有不少人从远处来这里扫墓,祭奠亲人和朋友,追思昨天的人生。

看来,一个地方物质资源的开发毕竟是有限的,无论如何热闹,最终还是把地盘交给了长久统治这里的大自然。没有久远的持续性发展,人在自然力面前是失败的,无能为力的。

路过一处叫"英雄地中四"的地方,有为一口井立的碑子。主人指着低洼的盆地说,五十年代末,这口井每天喷油八百吨,这里成了汪洋的油湖。野鸭以为是湖水,纷纷掉在里边。而眼前,炼油厂、发电厂、科研所等设施,已经成了阳光下的废墟,弥漫着悲壮的气氛。有一些老油井还在超期服役,竭力挤出最后一滴油,一滴血。

石油人

柴达木途中

我们离开冷湖继续赶路，一会儿是魔鬼城雅丹地貌的黑戈壁滩，一会儿是白茫茫的似乎翻滚着波浪的盐碱滩。柴达木盆地里大多是这样的死亡绝境。千百年来，柴达木一直是游牧民族的栖息地。尽管历尽朝代更替，部落纷争不绝，却从来不是一片理想的适宜于人类生存的地方。

十九世纪后半叶至二十世纪初，俄国地质学家普列热瓦尔斯基、奥布鲁切夫和中亚探险队，匈牙利人斯仍义，奥地利人洛采，印度探险家辛格，瑞典人斯文·赫定，还有窃取过敦煌千佛洞文物的英国人斯坦因等，先后都曾到柴达木盆地北缘的祁连山一带，进行过地质调查。之后，国民政府和瑞典王国政府组成的中瑞科学考察团，曾经到过柴达木中部巴嘎柴达木以北至乌兰大坂山一带，指出这一带有晚古生代地层第三纪红色地层分布。考察团中的瑞典人布林，在盆地内的托素湖附近采集到一些化石。但一直没有发现盆地的石油资源，甚至连油气显示都不曾见到。

最早发现柴达木盆地石油资源的，是中国一些爱国的地质学家。他们凭借原始的交通工具，骑着骆驼，历尽艰辛，作出了有价值的调查研究，提出了开发柴达木油气资源的设想。1946年，青新公路勘测队从西宁出发，沿盆地南缘的扎哈及铁木里克一带考察。随行的地质工作者李树勋记述道："盆地西端之中生代地层中，有淡水石灰岩，颇有产油的可能，应详查其构造，钻探之"。之后，工矿资源科学考察队来到柴达木盆地踏勘，听说青新公路筑路工人中，有人在盆地西部曾捡到可燃的土块，终于在红柳泉以东十五公里处找到了露出地面的油砂，基厚度达150米。直到1954年，才拉开了柴达木石油勘探的序幕。自从发现能源之后，柴达木才被世界所认识。

骑着骆驼进沙漠

司机师傅就是生在冷湖的，他说，经常路过这里，时不时要去他家的遗址看看。记得小时候，为了度过饥荒，父亲参加过打猎队，去昆仑深处捕获野牛。有一次运回来一个大牛头，有家里的圆桌那么大，在嘎斯车后厢里夹着拉不出来。一个牛头煮了七桶肉，分给邻居们吃，可是解馋了。如果打的是野驴，车子后盖厢只能装进两三条野驴腿，腿上肉多，其他东西都扔了。那一阵也不讲保护动物，人都饿瘪了，还能顾上野兽吗？还有野兔，灯光一照，它们一动不动，就用衣服去罩，常说是捉住了，一拎衣服却是空空的。灯光耀花了兔子眼睛，在衣服罩住的一刹那，机灵的家伙便蹿了。用枪打兔子划不来，一颗子弹能打死一头牛呢！但野牛非常凶猛，一颗子弹射出去打不到要命处，它会猛扑过来，把几吨重的嘎斯车掀个四蹄朝天。

他说，在饥饿的年月里，人们可以说什么都吃，唯独不肯吃骆驼肉，不少石油人是拉骆驼出身，和骆驼是有很深感情的。直到八十年代，家养的骆驼多了，人们才肯吃骆驼肉了。打猎队到了深山里，夜间先把车灯打亮，瞎熊和狼见到灯光就逃了。杀了野牛，血很多，流成了河，情景非常惨痛。打猎时，人要站在下风处，如果是在上风处，野兽闻到了人味，就逃走了。野兽嗅觉灵敏，比如骆驼，几十里外就可以闻到水源的气息，干渴时会不顾一切狂奔而去。

乐在其中

追赶着渐渐西下的太阳,面前的黛色大道像一条金丝线抛向天边。一边是木电线杆的列队,一边是埋藏电缆的蚯蚓状的小丘,无穷无尽。来往车辆有运钻井钢管的,有拉石棉矿石的,也有不少各式小车。中途有泵站,是输油用的。

　　其间经过丁字口,翻过黄瓜梁,车行约两百里,到了老茫崖。山崖下的几孔窑洞,是当年的油田医院,翻过梁便是茫崖小驿站了。当年万人会战的帐篷城早已不复存在,冷落的小站仅有几间房子,十个八个人,有修车的、卖饭的,有小卖部、加油站,还有一群羊正在入圈。低洼处是深深浅浅的青草滩,伸向一处明丽的小湖。

　　追着落日走,身边仍是昆仑雪山,是当金山的延续,在偌大的地域里围拢了辽阔的柴达木盆地。橘红色的余晖把半个天穹染透了,昆仑成了一幅轻描淡写的剪影。在山下近百里远的雾霭里,有一泓反光的湖泊,它是水吗?司机说,不是水。前边又出现湖泊的模样,司机仍说不是水。渐渐地出现了星星点点的灯光,一直赶了一个多小时的路,才来到一处井架的灯光前。终于看见湖水了,是尕斯库勒湖,银光闪闪地向我们眨眼睛。经过黑黝黝的油砂山下,前边的天地亮了,灯火闪烁处,是我们的目的地花土沟。它是一个行政镇,有小县城的规模,街市上的广告,一排排店铺,一下子驱散了一天行程中被包围的荒芜世界。公寓还算阔气,院子里停放了几十辆小车。这里海拔2600米,没有感觉高海拔的强烈不适。窗外的月亮,倒是近了不少,不然哪里看见过这么硕大的银盘。

　　我们从甘肃地界的阿克塞进入青海西北部边缘,是沿着阿

柴达木途中

油龙

尔金山南边的戈壁滩西行,来到与新疆交界的茫崖镇的。从这里西行数百里,可以抵达新疆的阿尔金、若羌,进入塔克拉玛干大沙漠。古丝绸之路的南线,正是向西南出阳关,沿昆仑山与塔克拉玛干之间的流沙古道西行的。它就在眼前的阿尔金山以北,几乎与我们来时的路线一致。

尕斯库勒湖

清早七点钟起来,要赶到尕斯库勒湖边拍日出。

在柴达木盆地,有大小河流 100 余条,常年有水的河流 40 多条,均发源于昆仑山、祁连山系。阿拉尔河、铁木里克河形成了眼前这位于盆地最西部的尕斯库勒湖水系。盆地中的湖泊有 32 个,其中淡水湖仅有两个,半咸水湖 6 个,大多数是盐水湖。尕斯库勒湖是较大的湖泊,四周生长着牧草,临湖面结着厚厚的盐盖。

半个小时后,车子进入滩地,在芦苇丛中迂回着寻找通向湖边的路。其实没有什么路,只要有车辙就是路。司机说,尕斯库勒湖很大,绕一圈需要大半天的车程。眼看湖水就在眼底,可怎么也接近不了它。

闪亮的白色,原来是白花花的盐碱滩,车子在小心翼翼地爬行。有一辆车子陷进去了。另一辆车掉回头去,跑了几公里地,从一处井架旁的工棚里借来铁锹和钢丝绳,准备拖车。水结成了冰,盐碱却很松软,踩上去像棉花包。一辆车子拖出来了,另一辆又陷入沼泽。就这样你拉我、我拽你,好不容易从盐碱沼泽里突围出来。

丝绸之路档案　西出长安望葱岭

　　风很大，很冷，已经穿上了所有的御寒衣物，还是感觉刺骨的冷，手脚都已经冻麻木了。我蹑手蹑脚试着走向湖边，绵软的盐碱间有咯扎扎响的浮冰，心里有点恐惧。年轻的摄像师已经抢先到了冰层尽头的湖水边，被我们喊了回来。

　　阳光泛着橘红色，照亮了湖面，白雪皑皑的昆仑在对着冰湖的镜子妆扮。我发现湖边有鸟和羊只的尸体，一点儿也没变质，像刚刚死去的一样。是因为饮的水质有问题还是中了猎人的子弹，又或是失踪致死的呢？

　　司机说，当初石油人刚到这里，看烦了戈壁滩的年轻人见到这一片蓝色的湖水，该是多么欣喜若狂！尽管它只是一个咸水湖，人们也是从内心爱它的。以致有几位年轻的冒险者跳入湖中游泳，再也没有爬上岸来。它是可爱的，也是神秘莫测的。

尕斯库勒

　　回来的路上，经过一处物探队的帐篷，主人可能还没有起来，一只小花狗在跳，犬吠声在旷野上十分清脆。又一座井架下，满身油污的工人漠然地望着我们。上前打问，他们说是被雇用打井的,监理是美国人。

尕斯库勒湖边,一匹瘦马奔驰而过,骑马人从装束上看是当地牧民。鲜卑吐谷浑、吐蕃人、蒙古人,还有哈萨克人,都曾在这片辽阔的土地上用马蹄耕耘过漫长的岁月,牧人把这片贫瘠的土地当成永远的故乡,在大自然的怀抱里繁衍生息。牧人是这里永远的主人,客人们来了又去了,不管人多人少,住长住短,在牧人世世代代的记忆中如同过眼烟云。

上了油砂山,辽阔的斜坡上起伏着几十台磕头机,一幅忙碌而悠闲的情景。来到一处典型的油砂岩下,岩石是土红色,黑紫色的地方似乎渗透了油汁,传递了大地深层的秘密。一百多年前,俄国人、匈牙利人、奥地利人、印度人、瑞典人都曾以地理学家、探险家、地质学家的身份不定期到柴达木,只是采集到一些化石,从没有发现过石油资源。

作者在雅丹地貌区

二十世纪四十年代,一批爱国的中国地质学家沿青新公路勘察,骑着骆驼来到这里。有人听说在西部红柳泉以东的山坡下,捡到一种点火即燃的土块,终于找到了露出地面的油砂,并命名为油砂山构造。五十年代初,地质队发现了这里的油苗显示,由此拉开了柴达木石油勘探的序幕。

望着油砂山,你会发现大地构造的神奇,这油砂的露头竟然藏在这人迹罕至的地方。

作者在柴达木

阿尔金山下

沿着一条叫作狮子沟的简易道路行驶，身边的地貌有点像是进入了沟壑纵横的黄土高原。也是没有一棵草，与月球上的形貌差不多。但满山满谷坐落着几十上百台井架和磕头机，一派繁忙景象。路是九十九道弯，越来越高，终于来到了海拔3430米的高山之巅。眼前的狮二十井，是二十世纪八十年代初开采的，井深竟达4564米，日喷原油几百吨。这与海拔数字之间是一种什么样的关系呢？我们隐隐地感到了缺氧的滋味，心慌头昏，但放眼四方，雪山环抱，盆地迷茫，景色实在妙极了。

脚下已经是阿尔金山脉，可以望尽数百里的山川盆地。几位守井的石油人，孤独地生活在这里，长年累月，会是怎么样一种心境呢？他们趴在滚烫的沙坡上，正忙着抢修漏水的管道，吃的水是从山下抽上来的。另有人在整理地基，用的是土办法，一个人坐在夯土机上，几个人扶着，像是耍把戏。

一位看守油站的姑娘，身着显眼的橘红色工装，头戴安全帽，走到院子门口，站在那里，专注地望着我们一行陌生人。她完全可以是我们在大都市里见到的时髦女郎中的一位，可她是

丝绸之路档案

西出长安望葱岭

年轻的石油人，像一朵悄悄开放的雪莲，把人生最美好的时光给予了这片土地。这是让人敬重的，却也不无怜惜之慨。

阳光耀眼，寒气渐渐消退了。峡谷间飞来一只黑鸟，嘎嘎叫着，栖息在砂岩上。黑鸟注视着我们这一行陌生人，片刻间，又嘎嘎叫着，俯冲下来，离我们头顶不过三尺，吓了人一跳，又旋转着融入阔大的空谷。在这少有人烟的不毛之地，即使令人不悦的乌鸦，也显得这么生动。我们的脚下踩的是冰，地面上遗落着旧胶鞋、牙刷、搪瓷缸子、药瓶子、门锁、木屑等废弃物，原先在此处搭帐篷，也许是远在半个世纪之前的事了。曾经生活工作在此地的人是谁？他们现在在哪里？

阿尔金山

显然，有不少人是永远地留在了这块不毛之地。在花土沟靠山的一片斜坡上，我们看见一大片墓地，地表是灰色的戈壁，他们的坟茔也是灰色，就地取材，坟茔融入了坚固的戈壁滩。只是在起风的时候，风儿要越过这些人为的凸起的小山包，扬起一股风烟，灵魂一样萦绕而去。旁边是一条干涸的河床，滞留着暴雨季节淌过洪水的痕迹。河床岸边是一道高高的堤坝，是为防止洪水淹没基地修筑的。

人民不会忘记

也就是在堤坝下的阳坡上，有一座用砖头垒起的墓地，面积大概三十平方米，外面是花墙，围拢着简陋的坟茔。这是阿吉老人的墓地，在周围显得很突出。碑上写道："新疆且末县红角公社木买努力斯伊阿吉之墓"，立碑时间为"一九六一年十月"，享年七十四岁。我们在昨天晚上，从敦煌基地的院落里采撷了一

阿尔金山下

捧鲜花,有红的、蓝的、紫的、黄的、粉的,叫不上它们的名字,一路上放在保鲜的水桶里,现在它们仍然鲜活如初。我们向阿吉老人默哀,献上鲜花,还有他的老朋友若冰老人手写的挽联:"献给尊敬的柴达木功臣阿吉老人"。

依沙·阿吉

我觉得,在阿吉老人的身后,是半个多世纪在这里去世的无数石油人的墓地,阿吉老人仍然是石油队伍的向导,在另一个世界里行进着。我不由得仰起头,望见了高高的白雪皑皑的昆仑山,只有它能让我们寻找到亡灵的所在。

花土沟

花土沟，一边是干涸的河道，一边是尕斯库勒湖之外连天的昆仑。

基地旁的一片杨树林长得很顽强，落叶满地，枝柯朝天，萧条得让人心寒。周围楼房大多已经废弃，价值不菲的尖顶拱形体育馆也成了名不副实的摆设。附近的油田设施，油罐林立，仍旧蒸腾在一片烟云里，在作最后的厮守。

首站是花土沟周边油田的输出枢纽，一条原油的大动脉从这里开始，越过崇山峻岭、大漠戈壁，向南直达石油重镇格尔木。几天来，安排行程时总是说花格线，现在才明白是指花土沟至格尔木的输油管线。原油经过脱水等工序的处理后，远程输入格尔木炼油厂，柴达木的血液便输入更阔大的地域，输入大地的命脉。而这里还只是一片不毛之地，石油人是在温棚里抚育蔬菜，在梦想中沐浴春风的。

晚上，一位采油队长邀我们吃饭，说是在红叶酒店。去了一看，还真是感慨花土沟的时尚。石油人好酒，这是我们预料之中的。谁知他们搬来了一箱子酒，不是啤酒，是白酒，青稞酿制的高度酒。这么你敬一杯，他劝一杯，没完没了的敬酒词，不可辩

驳的劝酒理由，让你只是不停地喝。几碗酒下肚，你就没了客套，还原了你的本性和真相，直了肠子说话，放了嗓子唱歌，大了胆量对饮，好像又回到了家，回到了年轻的时候，回到了朋友们中间。

陪同而来的老杨是第二代石油人，原籍河南沁阳，回到他曾经生活过多年的花土沟，说着说着就老泪纵横了。他即兴朗诵起一首诗，是郭小川的《祝酒歌》，雷打雷，锤对锤，杯对杯，千杯不醉，大伙儿也陶醉在酒中诗中了。

出油了

一位姓郑的机修厂厂长,四十多岁,是1987年从湖北来柴达木的。他很有音乐天赋地唱起了李季的《柴达木小唱》:茫茫的戈壁望不到边,云彩里悬挂着昆仑山,我们柴达木哪里有哟……唱得浪漫自由,回肠荡气。他用的是"花儿调",就像是从脚下的戈壁滩上长出来的歌一样。他又用陕西商洛花鼓唱了一段,说的是李自成屯兵秦岭,与一位山中女子生离死别的情景。他唱的《东方红》比原创《骑白马》的调子还古老纯正,连我这喜欢唱几句陕北民歌的人也要折服了。

炼油塔

开车的胡师傅生于冷湖，父亲是长安郭杜人，他们也都在花土沟生活工作过。他站在老陕的立场上，和我们一起与另一方划拳行令，又一起说起那个谜面的古老烦琐的字来，从"黄河两头弯，一点滴上天，八字张开口，言字往里走"说到"心字底，月字旁，会个船儿走南阳"。

郑厂长多才多艺，从郭沫若、萧三说到时下年轻人写的某一本小说，是有一些见地的。我不能说他在这儿窝着可惜了，我只能说柴达木真是有人才啊！

我们从塔里木到这里，是绕了一个大圈子。如果由塔中南出塔克拉玛干大沙漠，经和田、且末、若羌至此，可能只需一天多至两天的工夫。

柴达木

西行，东进，再西行，又东归，我们似乎在反复丈量古丝绸之路这广漠而神奇的领域。

老茫崖

来的路上太匆忙,没有好好看一看老茫崖,回程时我们安排在此歇息。

在偌大的柴达木盆地的地图上,茫崖是一个不可或缺的地名。我读大学时,反映五十年代大西北生活的文学作品,包括李若冰先生的散文、李季的诗歌,还有当时走红的一些作家的作品,我是逐个逐篇读过的。茫崖,是诗的标题,是散文咏唱的对象,留给我的是一个中等城市的印象。无论如何,它与眼前的事物是对不上号的。

可这就是那个茫崖,居住人口也许不上十个的地方,几间屋子构成的单面小街。它曾经是青海石油勘探局机关的所在地,四通八达,是柴达木油田的枢纽。而后,石油基地向冷湖转移。万人帐篷城的茫崖,那如开遍白色牡丹花一样的原野美景,只能从半个多世纪以前的历史中去寻找了。它成了一处石油城的废墟,一个不朽的纪念地。

我们远远的停下车,向茫崖轻轻走近。一头脱缰的毛驴在窜来窜去。来时看见的羊群,这时候已经到远些的地方吃草去了。我先是踏入一间油毛毡搭的屋子,买了一包烟。五块钱以上的烟没货,货架上是方便面、啤酒、洗衣粉等日用品,顶多值不

了几百元钱。

　　我进屋子时没有看见人,喊了几声,从里间出来一位女店主,也许正在里边做饭或忙家务,有点爱买不买的老大不高兴的样子。几百里地唯一的日杂店,店主的优势是肯定的,其观念还滞留在计划经济时代。屋子里养了几盆花草,炉子里的火呼呼的亮着,完全是一种家庭的气息。这火苗是帐篷城的火种,一直没有熄灭过。旁边是补胎店、小吃铺、医疗站,为过路的旅客提供服务。

柴达木向导

　　从茫崖再往回走,是黄瓜梁的迂回丘陵,有如老人头的雅丹地貌群。没有水源,没有生物,险峻的土丘在维语中称为"雅丹"。一系列平行的垄脊和沟槽,顺着大风吹刮的方向延伸,高深宽长一两米至数百米不等,像是天神大动作大气魄耕作的土地田垅,它是风的领地,唯一收获只能是延深侵蚀的沟壑,改变其面貌。

莫高窟

敦煌,顾名思义,敦,大也,煌,盛也。

敦煌是以莫高窟艺术宝库而辉煌于世的。西汉时,丝绸之路就从这小小绿洲经过。到了唐朝,丝路在南北两线格局中又形成了一条北新道,都是必经这里的。其人烟稠密,经济繁荣景象可以想见。即使在丝路畅通无阻的时候,由敦煌西去的道路也充满艰险的。无边的沙漠,恶劣的气候,经常使旅人丢失性命。西出的和东归的人们,在面对大自然显得无助时,只有依赖神灵,祈求平安。

莫高窟旧景

丝绸之路档案

西出长安望葱岭

于是，当时流行的佛教便在敦煌逐渐发展起来。佛教，在丝绸茶马之外流动在丝路上，和尚僧人成了丝路旅客的重要部分。玄奘西域取经，成了千古流传的经典，神话演义小说《西游记》至今仍是一种大众化的精神消费品。

到了敦煌，不去莫高窟是领悟不到它的大与盛的。而莫高窟，俗称千佛洞，起先的意思是在沙漠高处开凿的石窟，当地也归漠高乡管辖，因而得名。也有一层意思，后来的石窟都难以超过最早开窟的乐尊和尚所开之窟，"莫高于此"是也。

早在前秦时期，有一个名叫乐尊的和尚来到敦煌，当他经过今天的莫高窟附近时，落日照在三危山上，他似乎看见了神秘的佛光。于是，这位虔诚的佛徒便在对面的岩壁上开凿了最早的佛教洞窟。以后，众多佛教信徒继往开来，凿洞塑神，形成了今天莫高窟的洋洋大观。

第158窟菩萨

过了党河的临时淌水河床，经过街市和居民区，向东南方向行驶个把钟头，看见沙山上有一塔状沙丘。进入一片绿洲，靠西

218

岸即是古丝路上的璀璨明珠莫高窟了。

入莫高窟峡谷,树木多为白杨古树,像一片绿云,恒久地掩蔽着崖壁上的石窟,为干燥的天地、为风干了一样的历史遮阴挡凉。维修过的沉积崖,灰色的崖壁,有几百处洞窟均装置了深色铝合金门窗。进入七层塔门,攀上崖壁上的三层梯台,其间有若干洞窟。无论是高大的泥塑,还是琳琅满目的飞天、佛事壁画,都让人感受到一种神秘力量的震撼。

作者与李若冰在莫高窟

它的全盛时期在唐朝,放置壁画和佛像的洞窟佛龛有上千个。由于流沙侵蚀,至今仍有四百九十多个洞窟。唐宋时代的木制建筑,也不失为珍宝。无名氏诗曰:"雪岭干青汉,云楼架碧空。重开千佛刹,旁出四天宫。"游览圣地,可以洗涤心灵,希望离开尘世,进入极乐佛国。

北宋时,敦煌被西夏占领,和尚们将宝贵的佛经、文书、诗抄、绢绣等坚壁清野,藏入一个三米见方的小洞窟中,外墙封闭,绘上壁画,一直到一千年后才重见日月。

壁画·九色鹿

也就在一百多年前的一天,莫高窟的主持王道士在雇人清理十六洞窟积沙时,发现了这些宝物。当时是炎热的夏天,王道士雇来抄写经文的杨先生把桌案放在了凉爽的十六窟甬道里,抄写困了,就用芨芨草杆点火吸旱烟解乏。他常把燃烧剩余的草杆插入墙缝,以便取用。一天,他吸完旱烟后,又把草杆插入墙缝,谁知越插越深,用手一叩,墙壁发出空洞之音。他把此事报告给王道士,二人铲去墙皮,显出一个用土块封砌的小门,竟是一座小石窟。从这座后来被称作藏经洞的小石窟,清理出的宝物约四万件之丰。可惜陆续被外强内贼洗劫无数,保存至今的已经不多了。敦煌学专家以为,藏经洞说法有三,一是避难说,二是废弃说,三为书库改造说。不管怎么说,越说越是一个千古之谜。

我随了一个外国游客团,挤在一股异域香水的气息中,追逐着导游手中电筒的光亮,看了三个洞。意思到了就行,要欣赏泥塑壁画的细部妙趣,还不如回去仔细阅读那些画册。出门站在河边,望着对面一座座佛塔,哪一座是王道士的塔呢?王某人的是非曲直,任人评说,他对于眼前的艺术瑰宝是功大于过还是过大于功呢?后人站着说话不腰疼,有多少东西是对自己生命的真实感悟,哪些又是佯装正人君子般的为作文而作文的呢?

第196窟菩萨

莫高窟

敦煌莫高窟艺术,在汉晋文化的基础上,吸收了西方佛教文化的营养,其形式被汉文化所接受。到了唐代,在莫高窟开窟最多,其文化艺术价值也步入顶峰时期。莫高窟现存唐代洞庭湖窟二百余窟,几乎是现存洞窟的二分之一,且艺术品风格变化显著,逐渐走向了石窟艺术的成熟期。武则天时代,沙州佛事兴

盛与武则天信奉佛教是分不开的，加之对西域的用兵更加频繁，奠定了自上而下的佛教与石窟寺的发展。

进入盛唐后，当时的将军、都护、军使出征西域时，大都是带着自己的文士、诗人、歌童、舞女、医卜、星相、画匠和织工等各类随军服务人才的。沙州刺史在建窟造像时，也一定有他们从内地带来的画师们参与绘塑，为当地画工传递了新画风和新技法。洞庭湖的画工以他们对佛教文化艺术的不同理解，以各自具有的个性画风，画出了不同的作品，表明了不同的佛教思想和文化艺术观念。它所具有的丰富的艺术想象力和多样的表现力，受到了当时信众和今天游人的敬仰。它的建筑、彩塑、壁画，营造了一个神奇的佛国天地。它的佛像画、本生故事画、供养人画像、图案画，从艺术品发展角度审视，都达到了一个相对完满的高度。

敦煌飞天是莫高窟艺术的标志，它是佛经中的乾闼婆即天歌神与紧那罗即天乐神的合称。她们的职能是侍奉佛陀和天帝释，因能歌善舞，周身还发出香气，所以又叫"香音神"。

飞天不长翅膀，不生羽毛，没有圆光，借助云彩而不依靠云彩，主要凭借摇摆的衣裙、飞舞的彩带而凌空飞翔。飞天来自印度，但敦煌飞天却是印度文化、西域文化和中原文化共同孕育的。她们是自由飞翔的天人，是地面上的人渴望自由的产物。敦煌飞天从十六国开始，飞越了十几个朝代。从西域飞天到中原飞天，由圆脸大眼到眉清目秀，一直到唐朝的飞天，经过了很大的变化。开放的唐朝，把以往多画在窟顶藻井之中的飞天，画在了大型经变画中，给人一种姿态奇异的飞动之美。而且出现了双飞天，身材修长，双腿上扬，衣裙舒展，自由飘荡。当然，晚唐的飞天已由激昂变为忧思，有的扬手散花，吹奏羌笛，神情平静，并无欢乐之感。飞天的演变史，也正反映出历史社会的变化。

西方净土变

所谓的敦煌舞,是指壁画中所表现的各种舞蹈形式,它是中国古典舞蹈的精华和代表作。舞蹈的起源,一种说法是产生于劳动,也有起源于性交的说法。敦煌舞一扫前世舞风,不是劳动形式,也不是性爱作乐的姿态,它潇洒飘逸,古朴典雅,时代与民族特征明显,给人以审美的全新享受。它反映了从北魏到元代各个时期的舞蹈形式,大体上可分为飞天舞、童子舞、经变舞、礼仪舞等。童子舞的舞者是儿童,居莲花之中,欢乐吉祥。经变舞中,有胡腾舞、胡旋舞、拓枝舞、剑舞等。礼仪舞是盛大礼仪场面中的舞蹈,以渲染气氛为主,如同社火中的秧歌。

在藏经洞中,曾发现了最早的舞谱。敦煌遗书中的舞谱有二,一是现今收藏于巴黎的《南歌子》等八谱,二是收藏于英国的《蓦山溪》等三谱。这些舞谱一经破译,就可以排出那个时代

丝绸之路档案 西出长安望葱岭

的舞蹈形式来。

曾经风行一时的《丝路花雨》，令多少人为之动情。

这里还发现过中国最早的原始剧本，它是晚唐时期的《释迦因缘》，全剧522字，比原先发现的汉文南戏剧本《张协状元》早350多年。还有藏经洞中发现的敦煌古谱，为唐传乐谱，计有25首之多。这也是我国发现的最早的古谱。

在莫高窟第323窟北壁西端，画的是张骞出使西域的故事。汉武帝时代的张骞，是一位探险家，也是西丝绸之路的开拓者。

当时，他前往西域，寻找联络大月氏，合力进击匈奴。一到河西走廊一带，就被匈奴骑兵所俘，给他娶了匈奴女子为妻，监视并诱降他。漫长的11年之后，张骞趁机逃出匈奴的地盘，继续西行。他穿过戈壁沙漠，翻越葱岭，到达大宛国。张骞在大宛国见到了汗血马，又到达康居、大月氏、大夏等地，未能完成合谋进击匈奴的任务，却收获了西域各国的大量人文地理资料。回程中，又遭匈奴抓获，再次逃走，回到阔别13年之久的长安。

汉王朝为了联络乌孙，断匈奴右臂，派张骞二次出使西域。随后，汉武帝派名将霍去病带重兵攻击匈奴，消灭了盘踞在河西走廊和漠北的匈奴，建立了河西四郡二关，开通了丝绸之路。

莫高窟的这幅图画，是现存最早的"张骞出使图"。敦煌壁画故事丰富多彩，如释迦牟尼传记、尸毗王割肉救鸽、九色鹿舍己救人等故事，是广为流传的。

由此而形成的敦煌学说，不是来这里游览几回、读几本史料可以说明白的。

莫高窟的艺术是凝固的，也是鲜活的。沙崖下的河干涸了，一股清流被输入水渠，悄悄地流泻。而潜流一定是巨大的、丰沛的，不然就不会有我们头顶上葱郁的绿盖，让阳光丝丝缕缕地漏下来。河岸上的旅游设施仍在施工，它比起崖窟中的一切只能算是粗活。在纪念品市场,我购买了一本有关敦煌历史文化的书,一盘光碟,一枚藏式三色铜手镯,加上草草的观览印象,算是到此一游的收获。

莫高窟鸟瞰

临别时,站在停车场外的沙地上照张相,背景是原始的崖窟,倒感觉是最好的。洞窟、沙梁、残缺的佛塔,加上几缕柳絮,再也诗意不过了。看见做旅游生意的当地女孩,高挑个头,眉目传情的神色,就觉得是洞窟中的形象活了,在你的眼前游移。水土所致,莫高窟的一切都是和谐的、美妙的。

丝绸之路档案

西出长安望葱岭

嘉峪关

嘉峪关，似一条巨龙盘踞在戈壁滩上。它是不断修复而成的，早已失去了军事防御的功能，如今成了旅游的宝地。人们几乎都会说一个这里的故事：当初的工匠多么高明，从设计到施工完成，仅仅剩余一块砖头。据说游客至此，都要去看看那块多余然而神奇的砖头。

我站在围墙外，首先感觉到的是这里的土地太阔绰了，反正是戈壁滩，圈一大块，就成了宽阔的广场和附属地带。种上树，修了路，有一些标牌，就成了嘉峪关的旅游胜地。望着高高低低的楼台亭阁，看着那片天空上飘浮的云彩和飞旋的小鸟，原始的雄关是什么样子的呢？

万里长城，西起眼前的嘉峪关，东至山海关，全长六千多公里。远在春秋战国时期，魏、赵、燕、秦等国已经在自己的北部边界修筑了本国的长城，以防止北方游牧民族的侵扰。秦始皇灭六国后，派大将蒙恬率军数十万人驱逐匈奴，将各国原有的长城连接起来，成为西起临洮，东抵辽东的万里长城。

有诗说，秦始皇难道没有干才，蒙恬也并非不能征战，为何要修如此浩大的长城，用来阻挡北方胡人的入侵？要想用沙子筑成城墙当然是人间的难事，因筑城而死的人，手里还抱着夯土的木杵不放。当时蒙恬守上郡十多年，统一天下，威镇匈奴，到头来又有什么用呢？后来群雄并起，争夺天下，秦王朝还是不可避免地灭亡了，英雄蒙恬却成了冤魂。

另有诗人也说,所有割据的国家都不讲什么仁义,始终以强暴武力为后盾。"一人如有德,四海尽为家",一个国王,如果努力改善政治,那他到天涯海角也和在家里一样。

嘉峪关

唐代长城的西端在临洮、五原和大同一带,明代将其西延到了肃州,在此修筑了嘉峪关这座雄峙于河西走廊的关城。其南边是险峻的祁连山,北边是陡峭的北山,由关城修筑有长城直达山下。要经河西走廊的人,必须通过嘉峪关才能进入内地。

在长城上,还筑了很多高高的烽火台,台上有一高架,上挂笼子,内装干柴枯草。当发现敌人侵犯时,立即点燃,白天以烟为信号,晚上用火光报警。据记载,燃烧狼粪,其烟能聚而直上云霄,有利于远传。

为防止北方游牧民族入侵,长城大都修筑在地形险峻之处,并有军队驻防。军人们常年驻守在这戈壁大漠上,生活极为单调,愁闷之情是难以排解的。

作者在嘉峪关

王昌龄诗云:"琵琶起舞换新声,总是关山旧别情。撩乱边愁听不尽,高高秋月照长城。"正是边防将士思归心境的写照。

清朝的林则徐在被谪戍伊犁途中,在这里写了几首诗,说是出嘉峪关的感赋。他说:"严关百尺界天西,万里征人驻马蹄。飞阁遥连秦树直,缭垣斜压陇云低。"林大人在诗中似乎只说古不道今,查办鸦片引发战争,从战败到革职到谪戍西陲,他是何种心情?毕竟不是闲情逸致,来此观光或调研的。细读再三,诗人的主观思想已经毫无疑问地融化在了诗句里,你能让他在诗中鸣冤叫屈不成?

这里的管理人员说此地严禁拍摄,要办很烦琐的手续,我们索性放弃了入内的愿望。沿着公路边戈壁滩上的小路,我们的车子朝着关外的荒野开去。这是一片芦草茂密的开阔地带,冷风嗖嗖地吹着,借助芦草挺拔飘逸的前景,我们拍下了嘉峪关在太阳落山时的美景。也许眼前这一片芦草,是从守边将士的尸骨上长起来的。干河床对面的公路上,一辆辆车子在向东向西疾驰,雄关成了坦途。

当年,日本探险家渡边经过嘉峪关,遇到的情况和我们的差不多。他在笔记中写道:离开哈密约十一天到达安西,城的外围是一些贫穷的村庄,从那里经过玉门县到嘉峪关。当时已经是半夜,怎么也不给我们开关门。同行的中国人说,嘉峪关是天下七镇之一,所以半夜很难叫开门。我们的随从拿出了护照,才算把门打开。嘉峪关在万里长城的西端,从这里开始,算是中国内地了。

嘉峪关的市区和车站,也是宽敞粗放的。它的洁净和时尚,更多的属于现代风貌。行人不多,绿树簇拥,在远处雪山的映衬下,清爽之气泛上了干渴的心头。城外多处戈壁滩被圈了起来,在孕育开发的梦,发财的梦。

魏晋壁画墓位于嘉峪关市东北二十公里处的新城戈壁滩上。古墓有百余座,挖掘的几座大多是壁画墓,保存有六百多幅壁画。墓内壁画也多是一砖一画,取材有农桑、畜牧、狩猎、林园、伎乐、出行、衣帛等,为河西段氏家族墓葬。画以赭石和红色为主,用色单纯,热烈明快,与敦煌石窟中的早期壁画十分相似。

酒泉

酒泉历来是交通要道，西通西域，南接青海，北可以到达古居延。有人说，它是河西走廊中自古以来少有的一直兴盛而未衰退的城市。

张掖旧称"甘州"，酒泉旧称"肃州"，一"甘"一"肃"成了现在的甘肃。明代巡抚陈大人诗说祁连山："西走接嘉峪，凝素无青烟。"他骑在马上的姿态与清代的林大人是绝对不一样的。宦海沉浮，功名几何，在同样面对历史陈迹时，便有了不同的心情。

活在千古岁月中的似乎唯有这古柳，它的躯干包容了遥远复遥远的风和雨，看它的鲜嫩的叶子，在今天的阳光里仍然懂得什么样的表情是感激。它叫左公柳，是一个叫左宗棠的人活在了树里，也是一棵单纯的柳树还活在这酒泉的园林中。

旁边的一方泉水，是酒泉顾名思义的所在，汩汩的泛着水波，其色其形，不像是泉水，而像是琥珀色酒浆。说是汉将霍去病要庆祝战功，他体恤士兵，把武帝从长安送来的仅有的一坛酒倒入泉水中，与众多士兵分享。这泉水因此而永不干涸，涌流的不仅仅是水，更是一个美好的传说。

但从历史事实看，霍去病向泉水里倒酒的事是靠不住的。因为霍去病死后六年，酒泉才设郡置。无论如何，由于霍去病的功绩，河西走廊才被汉朝所控制，从而打通了汉代的丝绸之路。

当时，霍将军骑着汗湿淋淋的战马出了长城，驱逐侵入幽州一带的匈奴。瀚海无际，战尘蔽日，云集的汉朝军队排列成鱼鳞样的战阵，一往无前。胡笳在边关下呜咽，匈奴被吓破了胆。从此，玉门关不再派军队监视敌人了，汉武帝赏赐霍大将军。不久，霍大将军就病逝了。

唐金杯未完成品

唐人岑参第一次赴西域上任，写过一首《过酒泉忆杜陵别业》的诗："昨夜宿祁连，今朝过酒泉。黄沙西际海，白草北连天。愁里难消日，归期尚隔年。阳关万里梦，知处杜陵田。"旅人的心，在迢迢丝绸路上，也好像一只吐丝的茧，一头衔在嘴边，另一头是系在最初出发的地方的。想到这里，我的心情也一样，早一些回到家中为好。

"葡萄美酒夜光杯，欲饮琵琶马上催。"唐朝诗人王瀚的诗以杯名世，夜光杯也以诗增辉。

这种杯名敦煌夜光杯，又称"阳关玉杯"。它以优质祁连玉为原料，继承传统工艺，精工雕琢而成，是很有名的饮酒器皿。

酒泉

相传,西周国王应西王母之邀,赴瑶池宴会,席间,西王母馈赠西周国王一只碧光粼粼的酒杯,名为夜光常满杯。西周国王如获至宝,爱不释手,从此夜光杯名扬天下。它的造型别致,质地光洁,色泽斑斓如翡翠。倒入美酒,酒色晶莹澄碧,尤其是皓月映射,清澈的玉液透过薄如蛋壳的杯壁熠熠发光。

在酒泉制造夜光杯的厂子里,我才知道夜光杯来之不易。院落里放了一大堆不起眼的矿石,用钻子从矿石中取了坯出来,然后在砂轮上用手工一点一点打磨成型。它的琥珀纹路是不会自然发光的,只要借了一点月色,它便生出奇瑰的光泽来。酒泉市内所有的旅游工艺商铺都有夜光杯出售,而且价钱公道,品质也是上乘的。

到了酒泉,不喝酒是说不过去的。主人备了酒席,吃什么饭菜不重要,酒肯定是主菜。酒令有唱花儿,有猜拳打通关,喝得你回肠荡气,昏天黑地。还有一

唐人面纹铜壶

串专用语"举起杯,向左转,全封闭,带甩干",是说滴酒不漏,还有用酒杯在衣服袖子上划过的动作来证实。戴不戴帽?不戴帽,好,那就是开口就来,开枪就打,朝心窝打,往死里打。又引出一个段子说,领导没喝你先喝,领导没喝好先喝倒,领导夹菜你转桌,领导停牌你自摸,死定了。

可以说,河西走廊是酒风浩荡。酒泉呢,更是美酒四溢。

东归长安

我们几乎是顺着唐僧西行的路线走了一个来回。从长安出发,经秦州、兰州、凉州、敦煌出玉门关,再经伊吾、西州、焉耆、龟兹、姑墨,进入图伦碛,又一站一站返还来路。

唐玄奘是由敦煌走北线,从阿耆尼经大清池即热海,抵达素叶即碎叶而出境西去的。回程则是由疏勒入境,经碛南、于阗,走南线返回敦煌的。其来回的足迹,在西域的三条丝绸之路上纵横交错,几乎把南线、北线和北新线连接了起来。

我们只是把天山以北的丝路留给来日,再去寻访古庭州、唐轮台和伊宁,在曾经的大清池边感受一代大法师的禅意。至于再向西,进入波斯、大食,那将是另一番纷纭繁复的灵性之旅。

当年,唐玄奘西行求法,从长安走的时候,只有 28 岁。在印度留学加上路途上的时间,竟达 17 载,携经像回到长安时,已经 46 岁了。在印度诸国,他遍礼圣迹,遍习诸派经论,终成大器。

离开印度,辞行回国,途中翻过今天的帕米尔高原,雪地行走五百里,至喀什的塔什库尔干,停住 20 多天。又东北行五日后,逢贼劫掠,所乘之象被逐溺水而死,又冒严寒履险八百里,出葱岭,到达莎车。继之越大岭,过叶城,到达于阗时,已是贞观十八年,即公元 644 年了。于阗国王来迎,遂入都城,为千人讲经。

又为弥补失落的经像,派人往屈支、疏勒等国访求经本抄写。

在这里,玄奘见到了高昌国派来的使者。当他知道曾与其结为兄弟,并许过愿的高昌王已故,遂罢了北去高昌的计划,改由南道就近回国。先一表奏明,派人入长安代奏,呈疏表一封,感涕不尽。七八个月后,唐廷下敕,准许玄奘还国。

于是,玄奘从于阗起程,过尼壤即今天的民丰县,东入大流沙,至且末、楼兰进入唐朝境内的沙州即敦煌,又附表朝廷。当时唐太宗在洛阳宫,准备征讨辽东,知道玄奘就要回国,命西京留守房玄龄接待。玄奘回到长安西郊漕上的时间,是贞观十九年即645年正月二十四日。

第二天,众多官员僧俗簇拥在朱雀大街南,迎接玄奘进入长安城。所携经像以25匹马负载,运往弘福寺。梵音赞歌,一时响彻天空,景象空前。随后,玄奘赶去洛阳,谒见唐太宗。太宗慰问赞叹,谈及西域风土,并提议玄奘还俗辅政,玄奘坚辞。玄奘回到长安,居弘福寺。

唐玻璃盘

之后,玄奘着手经典翻译之事。贞观二十二年六月,玄奘奉敕至坊州宜君凤凰谷玉华宫,唐太宗问及典译事,遂撰《大唐三藏圣教序》。年底,入居大慈恩寺,充上座。永徽三年,亲自簦畚,建造大慈恩塔。

显庆四年,即659年,10月,玄奘率诸僧移住玉华寺,专心翻译。麟德元年,即664年,玄奘圆寂,葬白鹿原,后迁葬樊川北原。

我们一行,是在二十一世纪伊始的一个秋末的早上,从嘉峪关上车,踏上东归长安的回程的。

如来舍利宝帐

归途的列车上,我在读一本叫《丝绸之路》的书。上个世纪开始前后,瑞典学者斯文·赫定走过西域、河西走廊,也到了西安,他在完成了对荒凉广漠的西北高原的考察之后,写了这本书。其中说道:可以毫不夸张地说,这条交通干线是穿越整个旧世界的最长的路,从文化、历史的观点看,这是连接地球上存在过的各民族和各大陆的最重要的纽带。对中国来说,延伸和维持联系其与亚洲腹地之内领地的伟大线路,是至关重要的。

他还说:在这段旅途中,我们看到了长城,它像一条找不到头尾的灰黄色长蛇,伸展在大漠之中,它已经完成了保卫中原帝国抵御北方蛮夷入侵的历史使命。烽火台一座接一座,似心跳一般有规律地隐现在道路的尘土和冬天的寒雾之中,似乎铁了心要和事物消亡的法则抗拒下去,尽管经历了多少世纪的沧桑,却依然挺立在那里。

我的心情也一样,想象着一幅幅鲜活的情景,憧憬着现代文明带给这片土地以新的希望,幻想着人的创造力的空前发展,让人为之目眩。

往西行,是无尽的大漠戈壁,有无数雄奇苍凉的故事。人创造了绿洲,发现了地底下的宝藏,让我们饱览了西部之西的空寂与壮阔。东归的路,是回到汉唐的故园去,回到中原和关中的沃野上去,回到丝绸之路的出发点去。

唐印花纱

我们走了一个轮回,不是唐僧取经,不是岑参守边,也不是开发者,我们的精神游历没有走出自己的心灵。但它一定开阔多了,柔软也韧性多了,如同走过的辽远曲折的丝路。

这天上午十时许,我们回到了当初出发的地方。出了车站,透过古城墙,一眼就又看见了大雁塔。西行归来,感觉古城墙、城楼给我们从未有过的亲切的归属感。是的,我们生活在这座城市里,忙碌于眼前的日常琐事,从来没有像现在这样专注地去凝望它。

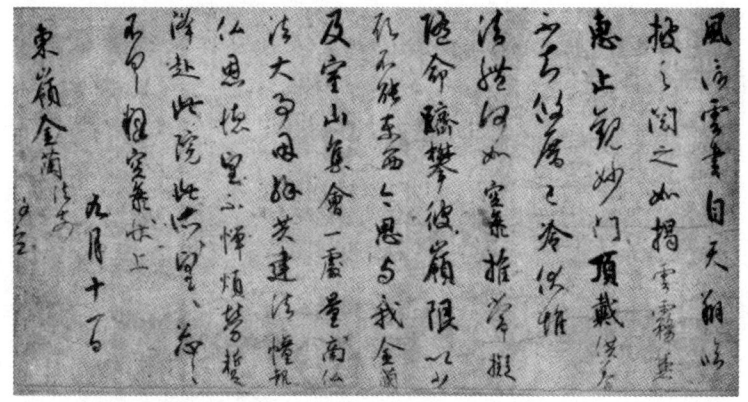

风信贴

有一个谜语说，东方无战事。谜底是什么？西安。从这里到兰州，到敦煌，到吐鲁番，到库尔勒，以至葱岭之西，每天有多少人曾经奔波在这条古丝绸路上。今天，仍有多少人往返于这条现代交通动脉的客车上、航线上，生活着，工作着，奔波着。无论古人还是今人，有谁不为空间阻隔去珍惜抵值万金的平安家书呢？

而一个人一生的光荣与梦想是走出安乐窝，走出家门，去闯荡世界，创造新的生活。行走着，就证明你还年轻，你的心还没有老，你还有一种精神的冲动，一种勇敢，还有不断求知的欲望。如果没有行走的历练，就一定不会懂得回家的滋味。你不断地行走，让双脚犁铧一样耕耘在大自然和历史的田地上，你的心灵才能收获思想与智慧，从而拥有快乐生活的精神之仓。

行走在路上，或者在没有路的路上，是一个人生命力的证明。世界上有千千万万条不同的路，但没有一条路能比这条丝绸之路更长，更宽阔，也更美丽，更让人梦魂牵绕。人、自然、历

东归长安

史,是这根长藤上的灿烂果实,是这部长卷中最动人的词语,是这条河流里最美的浪花。人类的生存方向和文明发展史,是离不开丝绸之路的。

在古丝绸之路上生长的现代丝绸之路,拉近了我们与世界的距离,从脚下出发,我们可以到达任何一个角落,去寻找我们需要的东西。这不仅仅是一个物质交流的路线,无疑也是一个精神融汇的通道,一个文化渗透的动脉,一个创造与审美的历程。在这条充满艰辛与欢悦的旅路上,你会找到心中的上帝和你自己。

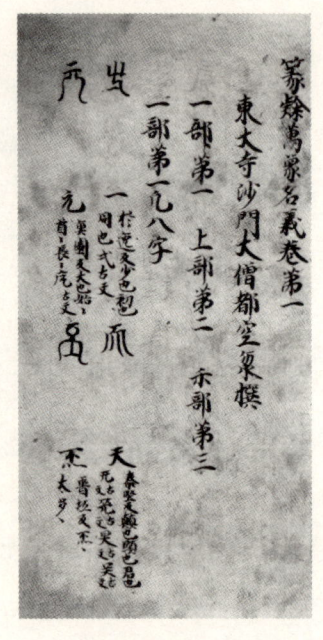

篆隶万象名义

我完成了一次丝路之旅。是曾经的骆驼,也不是骆驼,是时空的大漠之舟、生命的跋涉者,走过一条终生回想无穷的西行之路。一条小蚕,可以吐出一条丝绸之路,一匹骆驼、一个人就可以把这条长路踩在足下。

我们在说丝路,觉得当今世界上如此磅礴奇瑰的史诗是为数不多了。

2013 年 12 月 3 日

于西安城南

后 记

多少年来，丝绸之路一直在我的心上。

2003年的那个秋天，我有幸西行，从长安出发，穿越丝绸之路，直抵西天的葱岭脚下。

从长安出发，意味着我们可以走出四塞，走向世界的每一个角落；也意味着我们可以走入历史的长河，或溯源而上，或顺流直下，去寻找今之西安在世界格局中的位置，和一种饱满的思想感情。

还是在二十世纪九十年代的时候，我在海南岛，有过一次欧洲之旅。

我曾躲开罗马威严而阴冷的废墟，绕过喧哗的街市，像一位当地的一个平民百姓，徘徊在一座地下商场的普通厨具货档间，想购置一件两件美观又实用的瓷碗。一件是敞口的碗的形态，一件像盆儿，肉色的白釉，饰有黄或蓝的色块，点缀着一些简练明朗的小花图案。我用不多的人民币兑换来的挺吓人的多少万里拉，买了它们作为纪念品。当时我是怎么想的，买了它们回去，显然是舍不得用来盛玉米糁吃的，我是在寻找这异域的驿站，对我这么个从长安出发的旅人来说，究竟在意味着什么？老家的耀州瓷，有我与生俱来的思维的资源，它在我幼年玩瓷瓦片的时候，就把一粒坚硬的种子埋进了我的体内。连老家一字不

丝绸之路档案

西出长安望葱岭

识的老汉,也会说"条条大路通罗马"的话,当然他们并不完全明白罗马的准确含义,但知道这个词语所能表达的喻义。

从长安出发,我们很容易走到汉朝。也是来到了我们脚下的这片土地,被历史的滚滚红尘涤荡过无数遍而又高楼林立的土地。我们汉朝的先人,很大气,也朴素得可爱,当他们第一次极模糊地得知有关罗马的信息时,马上反应到的是,罗马可能类似于我们的神州,便不无友好地说,那就叫它"大秦"吧!这是一个极具中国化的命名。我们的乡党张骞尚不知罗马,班超二次西行,认识了这个西方大帝国。丝绸之路,是从长安土地上长出的茂盛的桑叶喂肥的蚕儿吐出来的。无疑,精美的瓷器连同丝绸、漆器、铁器等一起,是从这里出发,从西域经中亚的中路,或从北方经匈奴之境转中亚入西亚的北路,以及从南海经印度入波斯湾的海上丝绸之路,抵达遥远的罗马的。

是的,罗马的商团第一次来到洛阳的时间是公元前100年左右。而在比秦朝建立早二三百年的那个波斯帝国已有的《旧约圣经》中,便以"西尼"一语称中国,含有丝国之意。无论怎么去考据长安与罗马究竟是谁先认识了谁的课题,似乎都并不十分要紧。我们所面对的无可争辩的事实是,从长安出发,我们走到了哪里?走出了多远?为什么走?获得的又是什么?

一个是柔软的丝绸,一个是坚硬的瓷器,在漫长的历史风尘中,它们在大漠的驼背上,在沧海的帆船上,是以长安的名义、长安的标签、长安的品牌远行的。来而不往非礼也,随之而吹动的东渐的西风,物质的,精神的,便给了长安以至更广大的国土以诗情画意,当然也少不了风刀霜剑。

我曾留意过海底打捞瓷器商船的消息,那被海水淹埋了若干岁月的瓷器是不会变质的,它的破碎应该说是期待和梦想的破碎。打捞上来的也许是瓷的尸骨,也许是旅人的灵魂,它是值得我们珍藏的。我尽管弄不明白它是出自定窑、钧窑、景德镇，还是出自龙泉或我的老家耀州，它在重见日月后所散发出的光芒，却使我为之目眩。

我会在还乡时，去问候故土上的古窑址和依然生生不息的炉火，打听新瓷品的工艺创新和销路行情，并向制瓷师傅说说有关在罗马购置的瓷具的琐事。它肯定已不是我们的泥土和炭火烧制的，它的釉色也没有一方水土的亲切感，但它的确很美，很可爱，让人一样感觉温和。

也就是新世纪初的这次丝路之行，使我在大漠中的玉门关遗址旁捡到了一小块古瓷片，有黄褐色的釉饰。它是谁丢下的，又有多少让人思忖和念想的事情呢？

当今从长安出发的路，似乎已不再曲里拐弯，它有形也可以无形，既有物质的也有精神的，通向世界的每一个角落，也通向众多的人群和无数斑驳而丰饶的心灵。作为民族文化、中西交流一个重要部分的丝路，让我们站在它历史的起点，却止不住频频回望。而我们是向前去的，不是死守在家门口变卖自家古玩的不肖子孙。

每一次的出发，总让我们感动不已。

然而，出发却总是要回归的，回到最早出发的地方，这叫灵魂的归宿。

《圣经》上说，他因着信，就在所应许之地作客，好像在异地居住帐篷，与那同蒙一个应许的以撒、雅各一样。从远处望见，且欢喜迎接，又承认自己在世上是客旅，是客居的。说这样话的人是表明自己要找一个家乡。他们若想念离开的家乡，还有回去的机会。

那次的西欧之旅，行程万里，思接千年，时间和空间上都出现了奇迹。承认自己在世上是客旅，是寄居的，可见我返还到多

是黄皮肤黑头发的香港,不完全是回家。当然,飞回海南岛,那也不是家乡。那么,黄河支流的渭河之北的故乡,就是终极的要找的那个家乡吗?

后来,我回到了故都,又在逼近花甲之年归去来兮,回到了老家,算是落叶归根了。

这本书,从写出初稿到现在,几易其稿,辗转若干编辑之手,已经有近十个年头了。有幸得到有识之士的青睐与抬爱,使其得以问世,实在令人宽慰。

和 谷
2014 年 1 月 19 日
于西安城南悦城